당신은 AI를 어디까지 믿을 수 있나요?

당신은 AI를 어디까지 믿을 수 있나요?

초판 발행 • 2025년 6월 24일

지은이 • 박찬선
감수 • 오윤성
펴낸이 • 이지연
펴낸곳 • 이지스퍼블리싱(주)
출판사 등록번호 • 제313-2010-123호
주소 • 서울특별시 마포구 잔다리로 109 이지스빌딩 3층 (우편번호 04003)
대표전화 • 02-325-1722 | **팩스 •** 02-326-1723
홈페이지 • www.easyspub.co.kr | **Do it! 스터디룸 카페 •** cafe.naver.com/doitstudyroom
인스타그램 • instagram.com/easyspub_it | **엑스(구 트위터) •** x.com/easys_IT
페이스북 • facebook.com/easyspub

총괄 및 기획 • 최윤미 | **책임편집 •** 이수진 | **교정교열 •** 이인호
표지 디자인 • 김근혜 | **본문 디자인 •** 트인글터, 김근혜 | **인쇄 •** 미래피앤피
마케팅 • 권정하 | **독자지원 •** 박애림, 이세진, 김수경 | **영업 및 교재 문의 •** 이주동, 김요한(support@easyspub.co.kr)

- 잘못된 책은 구입한 서점에서 바꿔 드립니다.
- 이 책에 실린 모든 내용, 디자인, 이미지, 편집 구성의 저작권은 이지스퍼블리싱(주)과 지은이에게 있습니다.

 이 책을 저작권자의 허락 없이 무단 복제 및 전재(복사, 스캔, PDF 파일 공유)하면 저작권법 제136조에 따라 **5년** 이하의 징역 또는 **5천만 원** 이하의 벌금을 부과할 수 있습니다. 무단 게재나 불법 스캔본 등을 발견하면 출판사나 한국저작권보호원에 신고해 주십시오(불법 복제 신고 https://www.copy112.or.kr).

ISBN 979-11-6303-727-9 03320
가격 16,800원

AI 시대, 우리가 알아야 할 신종 AI 범죄와 법

당신은 AI를 어디까지 믿을 수 있나요?

- 딥페이크
- 여론 조작
- 표절
- 위작
- 마약 운반
- 댓글 부대
- 인명 살상
- 가짜 뉴스
- 악성코드
- 시세 조종

박찬선 지음

이지스 퍼블리싱

추천사

AI 기술의 발전은 축복이자 재앙

AI 기술의 발전은 우리에게 축복이자 재앙이다. 인류는 인공지능의 출현으로 도약의 기회와 동시에 새로운 위협에 노출되었기 때문이다. 범죄 수법은 진화한다. 저자는 AI를 범죄에 접목한 다양한 신종 수법을 면밀히 분석하여 AI 범죄의 현재와 미래를 조명한다. 신형 범죄 유형에 대처해야 하는 형사 사법 기관 종사자는 물론, 신종 범죄의 잠재적 피해자가 될 수도 있는 독자들에게도 소중한 팁을 주는 필독서이다.

▶ 오윤성, 순천향대 경찰행정학과 석좌교수

기존 법체계를 넘어선 AI 범죄가 등장했다

AI 기술의 발전과 함께 범죄의 양상도 빠르게 변화하고 있다. 기존 법체계가 예상하지 못했던 새로운 유형의 범죄가 등장하면서 이에 대한 대응이 시급한 과제가 되고 있다. 이 책은 AI가 범죄에 어떻게 활용될 수 있는지를 다양한 사례를 통해 설명하면서 이에 맞춰 법과 제도를 철저히 준비할 것을 강조한다. 법학자는 물론, AI 기술이 초래할 위험성에 관심 있는 독자들도 꼭 읽어 보길 바란다.

▶ 김성천, 중앙대 법학전문대학원 명예교수

지금은 AI의 법적, 윤리적 규제를 생각해야 할 때

AI는 우리 모두의 삶 속으로 성큼 들어서 버렸다. 이 책은 AI의 어두운 단면을 흥미진진하게 다루고 있다. 과연 인공지능 기술은 범죄에 어떻게 악용될 수 있을까? 우리가 마주할 새로운 범죄 유형은 무엇일까? 어쩌면 AI는 단지 범죄의 도구를 넘어 범죄의 주체가 될지도 모른다. 그래서 AI의 법적, 윤리적 규제의 필요성은 매우 설득력 있게 다가온다. AI가 가져올 미래를 고민하는 독자들에게 이 책을 추천한다.

▶ 노성훈, 경찰대 행정학과 교수

AI 범죄의 위험성과 예방법을 알려 주는 길잡이 같은 책

AI 기술 혁명은 이제 생성형 AI를 넘어 물리적 AI의 시대를 열고 있다. 그동안 로펌들은 주로 기업 고객을 대상으로 신 기술 규제 이슈에 대한 법률 서비스를 제공해 왔다. 하지만 이 책은 AI를 활용한 다양한 범죄 유형을 소개하면서 AI로 인한 법적 문제가 형사 사건으로까지 확장되고 있음을 보여 준다. 이제 AI 기술은 인간의 삶과 안전을 위협하고 있다. 이 책은 바로 그 위험을 알리고 우리가 그 위험을 어떻게 통제하고 예방할 수 있는지를 고민하는 데 중요한 길잡이가 될 것이다.

▶ 여철기, 법무법인(유) 광장 변호사

들어가며

'인공지능(AI)'을 범죄와 연관 지어 설명하려고 하니 마음이 다소 불편해집니다. "AI는 무한한 가능성을 가진 기술로, 아직 개발하고 활용해야 할 부분이 많은데 굳이 범죄라는 부정적인 이미지를 덧씌울 필요가 있을까"라고 항변하는 사람도 있을 것입니다. 하지만 기술은 본래 중립적이어서 '유용할 기회'가 많아질수록 '해로울 기회'도 함께 증가할 수밖에 없습니다. 챗GPT 활용법을 다룬 책이 인기를 끌고, AI를 탑재한 스마트폰이 각광받을수록 AI 기술을 악용하려는 시도 또한 늘어날 것입니다.

다행인 것은, 아직까지 AI는 인간의 범죄에 이용되는 도구 수준에 머물러 있다는 점입니다. 하지만 AI가 더욱 발전해 인간의 지능 수준에 도달하거나 이를 뛰어넘는다면, 그때는 AI를 법정에 세우거나 특별 교정 시설에 보내야 할지도 모릅니다. 지금은 먼 미래의 이야기처럼 들리지만 그런 날이 우리를 향해 서서히 다가오고 있습니다.

이 책은 다섯 가지 테마를 선정해 AI를 사용한 범죄 유형을 소개합니다. 이미 발생한 범죄뿐만 아니라 가까운 미래에 현실로 나타날 가능성이 높은 범죄 유형도 함께 다루었습니다. 1부에서는 생성형 AI를 중심으로 저작권 침해와 미술품 위작에 이미지 생성형 AI를 활용한 사례를 살펴봅니다. 2부에서는 생성형 AI의 유형인 LLM(대규모 언어 모델)을 가짜 뉴스 생산, 스피어 피싱 그리고 악성코드 제작에 악용한 경우를 다룹니다. 3부에서는 딥페이크 기술을 로맨스 스캠이나 성범죄물 제작에 이용한 사례를 들여다봅니다. 4부에서는 여론 조작, 시세 조종, 크리덴셜 스터핑(무작위 로그인 공격), 온라인 쇼핑 사기에 활용되는 봇의 유형과 역할을 분석합니다. 5부에서는 자율주행차나 자율비행 드론 등이 마약 운반이나 인명 살상에 악용될 가능성을 탐구합니다.

새가 날려면 좌우 날개를 모두 사용해야 합니다. 한쪽 날개만으로는 균형을 잃어 나아가기는커녕 공중에 떠 있기도 어렵습니다. AI를 향한 기대와 열망이 가득한 지금, 이 책이 AI를 좀 더 균형 잡힌 시각으로 바라보는 데 도움이 되었으면 좋겠습니다.

박찬선 드림

차례

1부
생성형 AI

01 | 저작권 침해 19
- AI 작곡가가 저작권료를 받을 수 있을까요? 20
- AI는 지금도 누군가의 저작물을 학습하고 있다 20
  - **사례** 울트라맨 사건 21
- 유럽연합의 인공지능법(AI Act)과 같은 법제화 필요 22

02 | 미술품 위작 26
- 둘 중 하나는 위작 논란에 휩싸인 작품입니다 27
- 생성형 AI 앞에 놓인 선택의 기로, 미술품 복원 vs 위작 28
  - **사례** 넥스트 렘브란트 프로젝트 28
  - **사례** 클림트 컬러 에니그마 프로젝트 30
- 미술품 시장을 위협하는 AI 32
  - **예방 프로그램** 작가의 스타일을 모방하지 못하도록 막는 기술 - 글레이즈 & 나이트셰이드 33

2부
대규모 언어 모델, LLM

03 | 가짜 뉴스 생산 41
- "미국 트럼프 대통령이 체포되었다고요?" 42
- 챗GPT에게 가짜 뉴스 생성을 시켜 봤습니다 43
- 광고 수익을 목적으로 가짜 뉴스를 제작하는 '콘텐츠 팜' 44
  - **예방 프로그램** 작성자를 분석해 주는 AI 탐지 프로그램 - GPT제로 45

| 04 | 스피어 피싱 | 51 |

"김OO 고객님, 주문하신 택배가 도착할 예정입니다. 배송 조회(클릭)" 52
손쉽게 스피어 피싱 메시지를 만드는 LLM 54
 사례 챗GPT의 메시지 생성 능력 실험 54
 사례 LLM 모델별 메시지 생성 능력 비교 실험 56

| 05 | 악성코드 제작 | 62 |

"컴퓨터 파일을 복구하고 싶다면 비트코인으로 $300를 보내시오" 63
랜섬웨어 등 악성코드를 만드는 데 악용되는 LLM 64
LLM이 생성한 코드를 분석하고 탐지하기 64

3부
딥페이크

| 06 | 로맨스 스캠 | 71 |

"OO씨, 여기로 $700 보내면 비트코인 배당금 보낼게요" 72
 사례 로맨스 스캠에 속아 7천만 원을 잃은 A씨 73
3배 이상 증가한 '로맨스 스캠' 피해 규모 74
상대방이 제공하는 사진, 여권, 은행 계좌 등이 허위일 수 있습니다 74
온라인 플랫폼 운영자가 취해야 하는 조치 75
워터마킹을 활용한 딥페이크 라벨링 기술 76

| 07 | 딥페이크 성범죄물 제작 | 80 |

4천 명에 달하는 연예인 딥페이크 피해자 81
 사례 작가 '베가 캐디'에게 온 협박 이메일 81
 사례 서울대 n번방 사건 82
 예방 프로그램 이미지 보호를 위해 '디지털 백신' 접종하기 82

4부
봇

08 | 여론 조작 … 90
"OOO 후보님 응원합니다" 한순간에 올라가는 댓글 공감 수 … 91
여론을 조작하는 검은 손, 소셜 봇 … 91
사례 영국 브렉시트 국민투표 … 92
사례 2016년 미국 대선 여론 조성 사건 … 93
예방 프로그램 SNS 계정이 소셜 봇인지 검증하는 프로그램
- 봇오미터 엑스 … 93

09 | 시세 조종 … 99
"아무 이유 없이 주가가 오르다가 어느 순간 바닥으로 떨어졌어요" … 100
시세 조종에 사용되는 소셜 봇과 자전거래 봇 … 101
사례 청담동 주식 부자 '이희진 형제' 코인 사기 사건 … 102
예방 프로그램 컴퓨터와 사람을 구별하는 테스트 프로그램, 캡차 … 103
사용자 행동 패턴 분석과 IP 추적 … 103

10 | 크리덴셜 스터핑 … 106
당신의 아이디와 비밀번호, 안전한가요? … 107
사례 대성학원 개인정보 유출 사건 … 107
해커 대신 무작위 로그인 시도를 수행하는 봇 … 108
비밀번호 변경과 이중 인증 사용 등 기본적인 보안 실천 필요 … 109

11 | 온라인 쇼핑 사기 … 113
"이렇게 똑같은데 가짜 쇼핑몰이라고요?" … 114
가짜 온라인 쇼핑몰에서 사기당하는 과정 … 115
사례 과일 업체 과장·허위 광고 사건 … 117

5부
자율주행 기계

12 | 마약 운반 124

"드론이 마약을 싣고 교도소 담장을 넘었습니다" 125
자율비행 드론이 과연 의약품만 운반할까? 125
우범지대를 드론 비행 금지 구역으로 설정하기 127
경찰 드론을 활용한 공중 감시 127

13 | 인명 살상 130

"드론이 적군의 탱크, 수송차를 식별해 공격합니다" 131
군에서 주목받는 자율주행 기계 131
수사에 어려움을 주는 자율주행 기계 관련 범죄 133
자율주행 기계가 테러에 악용될 위험성 134
자율주행 기계의 '사물 식별 기술' 향상하기 135
기계 장치별 사이버보안 기준 확립 필요 135

부록 1   AI 용어 사전 138
부록 2   인공지능기본법 140

미주 142
찾아보기 148

프롤로그

AI는 이제 주위에서 흔하게 들을 수 있는 말이 되었습니다. 그런데 'AI는 무엇인가요?'라는 질문에 머뭇거리지 않고 대답할 수 있는 사람은 많지 않습니다. 왜 그럴까요? 여러 이유 중 하나는 AI에 대한 보편적 정의가 아직 존재하지 않기 때문입니다. 그리고 이러한 보편적 정의가 존재하지 않는 이유는 다양한 학문적 배경을 가진 사람들이 AI를 연구하면서 사람마다 AI를 이해하고 정의하는 방식이 다르기 때문이고요.

예를 들어 지금은 기계공학이나 컴퓨터공학뿐만 아니라 뇌과학, 물리학, 전기공학에서도 AI를 연구하고 있는데요. AI가 사회에 미치는 영향도 중요한 문제이기 때문에 사회학에서도 많은 관심을 가지고 있습니다. 이제는 아예 인공지능학과가 생겨나기도 했고요.

이처럼 여러 배경을 가진 사람들이 AI를 다루고 있어 앞으로도 보편적인 정의를 내리기는 쉽지 않을 듯합니다. 그럼에도 AI를 '인간의 지능을 모방해 인위적으로 만든 지능' 정도로 정의한다면 크게 틀리지는 않을 것 같습니다.

AI와 관련해 주목받는 또 다른 분야는 윤리학입니다. 최근 AI 윤리는 중요한 이슈 중 하나로 떠올랐습니다. 그런데 AI 윤리가 도대체 무엇일까요? 윤리라는 단어만 놓고 보면 대체로 그 뜻을 짐작할 수 있지만, 앞에 AI라는 말이 붙으니 쉽게 와닿지 않습니다.

먼저 두 가지를 말씀드린 후 AI 윤리에 대해 좀 더 생각해 보겠습니다. 하나는 기술은 중립적이라는 것입니다. 즉 기술이란 건 처음부터 좋거나 나쁜 것은 아니라는 것이지요. 예를 들어 핵을 잘 사용하면 원자력 발전에 이용할 수 있지만, 잘못 사용하면 핵폭탄이 됩니다. AI도 마찬가지로 본래 좋은 AI, 나쁜 AI가 있는 게 아니라 어떻게 사용하느냐에 따라 좋은 AI가 될 수도, 나쁜 AI가 될 수도 있는 것입니다. 다른 하나는 AI가 계속 발전하면 언젠가는 인간의 지능을 뛰어넘을 수도 있지만, 현재 AI의 수준은 독립적이거나 자율적으로 사고하는 정도는 아니라는 점입니다. 즉 아직까지 AI는 인간의 도구에 불과합니다.

이 두 가지 사항을 함께 고려해 볼 때 우리는 AI 윤리란 AI를 어떻게 개발하고 사용할지를 정하는 '인간의 윤리'라는 결론에 이르게 됩니다. 잘못하면 AI가 인간에게 큰 피해를 줄 수도 있으니 개발 방향이나 사용 방식에 기준을 정하고, 그 기준을 지키자고 약속하는 것입니다. 물론 AI가 인간의 수준에 도달하게 되어 더 이상 인간의 도구로만 보기 어려운 시점이 오면, AI 윤리는 지금과는 다른 의미를 지닐 수도 있겠지요.

그런데 사실 윤리를 강제할 수 있는 수단은 없습니다. 주머니에 손을 넣은 채 어른에게 인사하는 행위는 우리나라에서는 비윤리적인 행동으로 간주되지만, 그렇다고 그 아이를 경찰서에 데려 갈 수는 없습니다. 일반적으로 비윤리적 행위는 누군가에게 직접적인 피해를 주지는 않기 때문에 이를 바로잡기 위한 강제 수단은 존재하지 않는 것이지요.

하지만 만약 그 아이가 어른의 정강이를 찼다면 이야기는 달라집니다. 앞서 주머니에 손을 넣고 인사하는 것이 윤리의 영역에 속했다면, 이제는 범죄의 영역으로 넘어오게 됩니다. 윤리 중에서도 직접적인 피해를 발생시키는 행위는 특별히 법에 명시해 범죄로 규정합니다. 이런 행위만큼은 반드시 지키도록 처벌 수단을 마련해 강제하는 것이지요.

AI 윤리가 인간의 윤리라면 AI 범죄 또한 인간의 범죄라고 할 수 있습니다. 즉 인간이 AI를 부적절하게 활용하여 각종 범죄를 저지르는 것입니다.

우리는 지금 인터넷 세계에 살고 있습니다. 아침에 눈을 떠 밤에 잠들 때까지 컴퓨터나 스마트폰을 통해 펼쳐지는 가상 공간에서 일하고 놀며 대부분의 시간을 보냅니다. 아이들은 이제 친구들과 공을 차지 않습니다. 은행 업무를 보러 굳이 지점을 방문할 필요도 없습니다. 이제 대부분의 일과 놀이가 온라인에서 이루어집니다.

AI 범죄, 즉 AI가 악용되어 발생하는 범죄에 관심을 가져야 하는 이유는 간단합니다. 대면 접촉이 생활의 중심인 세계에서는 AI는 아무런 영향력을 발휘하지 못하지만, 오늘날처럼 인터넷이 중심인 세상에서 AI는 무척 힘이 세기 때문입니다. 따라서 AI가 치명적인 범죄에 악용되는 것을 예방하기 위해 지금 우리에게 AI 범죄에 대한 지식이 반드시 필요합니다.

1부

생성형 AI

01 저작권 침해
02 미술품 위작

예측형에서 생성형으로 바뀐 AI의 판도

최근 몇 년간 가장 주목받는 인공지능은 생성형 AI$^{generative\ AI}$입니다. 생성형 AI는 이름 그대로 '새로운 것을 만들어 내는 AI'로, 우리가 일상에서 사용하는 텍스트, 이미지, 동영상, 음악 등을 생성할 수 있습니다. 생성형 AI 이전에는 머신러닝$^{machine\ learning}$이 인기를 끌었습니다. 머신러닝은 방대한 데이터를 학습해 이를 바탕으로 예측하는 데 특화된 AI인데요. 예를 든다면 수백만 장의 엑스레이 사진을 분석한 다음 특정 엑스레이에서 종양의 징후가 있는지를 예측하는 것이지요. 생성형 AI 역시 머신러닝 알고리즘을 활용해 콘텐츠를 생성합니다. 반면 머신러닝과 생성형 AI의 차이점은 예측과 생성이라는 역할에서 두드러집니다.

생성형 AI는 생성하는 콘텐츠 유형에 따라 ① 텍스트 생성 AI, ② 이미지 생성 AI, ③ 음성/음악 생성 AI, ④ 동영상 생성 AI로 나눌 수 있습니다. 텍스트 생성 AI로는 챗GPT와 GPT-4가 있고, 이미지 생성 AI로는 DALL-E와 미드저니^{Midjourney}가 있습니다. 음성/음악 생성 AI로는 주크박스^{Jukebox}가 있고, 동영상 생성 AI에는 런웨이^{Runway}가 있습니다.

생성형 AI는 텍스트, 이미지 등 다양한 영역에서 우리 삶에 많이 이용되고 있지만, 동시에 이에 따른 부작용과 피해도 적지 않습니다. 1부에서는 '이미지 생성 AI'에 초점을 맞춰 생성형 AI가 범죄에 악용되는 사례를 살펴보겠습니다.

01
저작권 침해

AI 작곡가가 저작권료를 받을 수 있을까요?

인기 트로트 가수 홍진영의 노래 '사랑은 24시간'은 경쾌하고 신나는 리듬의 곡입니다. 그런데 이 노래가 이봄Evom이라는 AI가 작곡한 것이라는 사실을 알게 된 한국음악저작권협회는 갑자기 저작권료 지급을 중단했습니다. 사람이 아닌 AI에게는 저작권료를 지급할 법적 근거가 없다는 이유에서 말이지요.[1]

현재 우리나라 저작권법에 따르면 사람만 저작자가 될 수 있습니다. AI는 새로운 노래를 만들고 그림을 그려도 저작자가 되지 못합니다. 그런데 비록 만든이가 AI라고 하더라도 버젓이 창작물이 있는데 창작에 따른 권리를 인정받지 못하는 상황은 다소 당혹스럽게 느껴집니다. 그래서 지금이라도 법을 개정해 AI도 저작자로 인정하자는 의견도 있고, AI 작곡가는 시기상조라는 의견도 있습니다.

생성형 AI가 야기하는 저작권 문제는 이뿐만이 아닙니다.

AI는 지금도 누군가의 저작물을 학습하고 있다

생성형 AI는 백지 상태에서 결과물을 만드는 것이 아니라, 수많은 데이터를 학습해 음악이나 이미지 등을 만드는데요. 결국 이 데이터는 누군가가 창작하여 관리하는 자산일 가능성이 큽니다. 이 가운데 일부는 저작물로 보호받는 데이터도 있을 테고요. 그러나 AI 개발 회사들은 데이터를 확보하는 과정에서 저작권을 확인하고 저작자의 동의를 얻는 절차를 충분히 거치지 않을 때가 많습니다.

우리나라에서는 AI가 저작권을 침해했다는 이유로 소송이 제기된 사례는 아직 없는 것으로 보이지만, 해외에서는 관련 소송이 빈번하게 발생하고 있습니다. 예를 들어 2023년 1월에는 미국에서 활동하는 3명의 아티스트가 자신들의 그림을 미드저니, 스태빌리티 AI^{Stability AI}, 디비언트아트^{DeviantART}의 AI 모델이 무단으로 사용했다며 소송을 제기했습니다.[2] 그리고 2023년 10월에는 유니버설 뮤직을 포함한 여러 음반 회사가 자신들이 관리하는 음악 저작물의 가사를 앤트로픽^{Anthropic}의 클로드 AI^{Claude AI}가 무단으로 복제했다며 소송을 제기했습니다.[3] 같은 해 12월에는 뉴욕타임스가 자사의 기사를 오픈AI와 마이크로소프트의 GPT 기반 서비스가 대량으로 복제하여 학습에 사용했다며 저작권 침해 소송을 제기한 사례도 있습니다.[4]

이제 이러한 사례 가운데 하나를 구체적으로 살펴보겠습니다.

사례 | 울트라맨 사건

"울트라맨 캐릭터를 중국에서 쓸 수 있는 건 우리뿐!"

울트라맨은 일본에서 처음 제작된 이후 우리나라에도 소개되어 많은 인기를 끌었던 캐릭터인데요. 이 울트라맨과 관련하여 중국에서 저작권 소송이 발생했습니다.

사건은 이렇습니다. 중국의 상하이신창화문화발전유한공사(이하 상하이)는 일본의 츠부라야 프로덕션으로부터 울트라맨 캐릭터의 이미지를 중국에서 독점적으로 이용할 수 있는 권리를 부여받았습니다. 어느 날 상하이는 중국 내 A사가 서비스하는 생성형 AI가 상하이가 보유한 울트라맨 캐릭터와 유사한 이미지를 만든다는 사실을 알게 되었습니다. 저작권을 침해받았다고 판단한 상하이는

A사를 상대로 소송을 제기합니다. 그리고 2024년 2월, 광저우인터넷법원은 A사의 생성형 AI가 상하이의 저작권을 침해했다고 판결했습니다.[5]

다음은 상하이가 보유하고 있는 울트라맨 캐릭터의 원본 이미지와 A사가 생성한 이미지를 비교한 것입니다. 어떤가요? A사의 생성형 AI가 상하이의 울트라맨 캐릭터를 학습하여 이미지들을 생성한 것으로 보이나요?

상하이의 울트라맨 캐릭터 원본 이미지(왼쪽), A사의 생성형 AI가 만든 이미지(오른쪽)[5]

유럽연합의 인공지능법(AI Act)과 같은 법제화 필요

AI가 데이터를 무단으로 사용하는 저작권 침해 범죄를 막으려면 어떤 노력이 필요할까요? 사실 저작자는 자신의 창작물이 동의 없이 사용되고 있는지 쉽게 파악하기 어렵습니다. AI 개발 회사들이 자신들이 보유한 AI 모델이 어떤 데이터를 학습했는지 공개하지 않으니까요.

유럽연합은 2024년 5월에 확정한 **인공지능법**[AI Act]을 통해 이 문제에 선제적으로 대응하고 있습니다. 이 법에 따르면 범용 AI 제공업자는 AI 모델 학습에 사용한 콘텐츠에 대한 상세 요약서를 작성하여 공개해야

합니다. 이를 위반하면 전 세계 매출의 최대 7%에 해당하는 과징금을 부과받게 됩니다.[6,7]

유럽연합의 인공지능법을 소개한 사이트(artificialintelligenceact.eu)

유럽연합의 이러한 조치가 실효성이 있을지, 그리고 AI 개발 회사들의 향후 행보가 어떨지 지켜봐야겠습니다.

우리나라에서도 여러 기업이 생성형 AI를 개발하면서 관련 서비스를 출시하고 있는데요. 해외 사례에서 본 것처럼 머지 않아 AI로 인한 저작권 침해 이슈가 사회 문제로 떠오를 가능성이 큽니다. 관련 소송도 잇따를 것으로 보이고요.

그런데 저작자가 자신의 저작권 침해를 입증하는 게 쉬운 일은 아닙니다. 특정 AI 모델이 만들어 낸 이미지가 자신의 창작물과 유사하다는 사실을 먼저 인정받아야 하고요. 그 모델이 동의 없이 해당 창작물을 학습에 활용했다는 사실 또한 인정받아야 합니다. 이 모든 과정은 저작자

입장에서는 결코 녹록하지 않습니다.

그렇다면 우리나라도 유럽연합처럼 AI가 사용한 콘텐츠를 AI 개발 회사가 공개하도록 법제화한다면 저작자들이 좀 더 마음 편히 자신의 작업에 집중할 수 있지 않을까요? 소송으로 문제를 해결하는 건 최후의 수단이니까요.

> **인사이트**

사람은 일의 과정보다는 가시적인 성과에 더 관심을 가집니다. 우리는 그동안 생성형 AI가 제공하는 다양한 서비스에 매료되어 왔지만, 상대적으로 어떻게 그러한 결과물을 만들어내는지에 대해서는 주목하지 않았습니다. 어쩌면 이 부분은 AI 전문가나 개발 회사가 신경 써야 할 영역으로 여겼는지도 모릅니다.

생성형 AI가 누군가의 창작물을 무단으로 사용하는 현실을 보고, 미국 시카고대의 벤 자오 교수는 한 인터뷰에서 이렇게 말합니다.

"생성형 AI가 인류를 위한 것이라는 말은 과대광고이며 마케팅의 탐욕을 숨기기 위한 속임수이다."[8]

생성형 AI가 결과물을 만드는 과정이 정당하지 않으니 그 서비스를 이용하지 말자는 것은 아닙니다. 다만 이제는 AI 개발 회사들이 보이지 않는 곳에서 누군가의 창작물을 무단으로 사용할 게 아니라, 데이터 사용에 대해 **동의**를 구하고 적절한 **저작권료**를 지불해야 합니다. 그리고 서비스 사용자들 또한 이로 인해 이용 요금이 인상되더라도 마땅히 이를 감수할 필요가 있습니다.

⚖️ 처벌 규정

현행 법률은 저작권 침해 시 다음과 같은 규정을 적용합니다.

저작권 침해 시

「저작권법」
제136조(벌칙) 제1항 제1호
저작재산권, 그 밖에 이 법에 따라 보호되는 재산적 권리를 복제, 공연, 공중송신, 전시, 배포, 대여, 2차저작물 작성의 방법으로 침해한 자는 **5년 이하의 징역** 또는 **5천만원 이하의 벌금**에 처하거나 이를 병과할 수 있다.

제136조(벌칙) 제2항 제3호
데이터베이스제작자의 권리를 복제, 배포, 방송 또는 전송의 방법으로 침해한 자는 **3년 이하의 징역** 또는 **3천만원 이하의 벌금**에 처하거나 이를 병과할 수 있다.

02
미술품 위작

둘 중 하나는 위작 논란에 휩싸인 작품입니다

이우환 화백은 독창적인 작품 세계를 선보이며 미술 시장에서 큰 인기를 끌어왔습니다. 그런데 그가 세계적으로 유명해지며 그의 작품 가격이 오르자 화백의 작품을 모방한 위작들이 등장하기 시작했습니다. 특히 2012년부터 인사동의 화랑과 골동품점에서 화백의 1970년대 후반 작품인「점으로부터」와「선으로부터」가 쏟아져 나오기 시작했습니다.

수사에 착수한 경찰은 위작으로 의심되는 13점을 국립과학수사연구원에 감정을 의뢰했는데 모두 위작 판정을 받았습니다. 민간 감정기관 또한 캔버스틀이 낡지 않고 새것이었던 점, 누런색을 덧칠해 오래된 것처럼 보이게 한 점 등을 근거로 위작이라고 판정했지요. 그리고 이러한 감정 결과를 토대로 경찰은 해당 13점이 위작이라고 결론 내렸습니다.[1]

다음 두 작품은 화백의「점으로부터」인데요. 이 중 하나는 경찰이 위작으로 결론 내린 13점 중 하나입니다. 그 작품은 어느 쪽인 것 같나요?

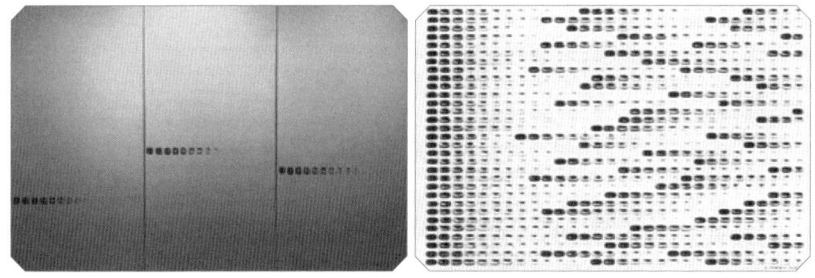

함부르크 미술관에서 저자 촬영(왼쪽), 위작 논란 작품(오른쪽)[1]

정답은 오른쪽입니다. 그런데 정작 화백 자신은 이 13점이 모두 자신의 진짜 작품이라고 주장하고 있습니다. 아무튼 이 사례는 작가가 유명해질수록 위작 또한 증가한다는 사실을 잘 보여 줍니다.

생성형 AI 앞에 놓인 선택의 기로, 미술품 복원 vs 위작

위작은 작가의 화풍과 표현 기법을 정교하게 모방해야 하기 때문에 매우 어렵습니다. 그런데 생성형 AI가 이 과정을 대신해 진품에 가까운 이미지를 만들어 낼 수 있다면, 이러한 기술을 악용한 위작 생산이 늘어날 가능성이 큽니다. AI가 미술품 복원에 많이 활용된다는 기사를 종종 보셨을 텐데요. 복원이란 결국 진품에 최대한 가깝게 재현하는 작업 아니겠어요? 그런데 위작 역시 진품에 가깝게 그리는 것을 목표로 한다는 점에서 복원과 위작은 추구하는 목표가 같다고 볼 수도 있습니다.

다만 그렇게 만들어진 작품에 어떤 의미를 부여하느냐, 또는 그것을 어떻게 관리하고 활용하느냐에 따라 복원 작품이 될 수도, 위작이 될 수도 있는 것이지요.

사례 | 넥스트 렘브란트 프로젝트

"356년의 시간을 뛰어넘어 AI와 미술이 만나 만든 환상적인 작품!"

다음 그림은 렘브란트Rembrandt Harmensz van Rijn를 그린 작품입니다. 렘브란트는 자화상을 많이 남긴 화가로 유명하므로 이 그림이 그의 자화상일 것으로 생각했을지도 모르겠습니다. 하지만 이 그림은 렘브란트가 직접 그린 것이 아니라 생성형 AI가 딥러닝 알고리즘과 얼굴 인식 기술을 활용해 렘브란트 스타일로 그린 작품입니다.

넥스트 렘브란트[2]

'넥스트 렘브란트The Next Rembrandt'라는 이름으로 18개월간 진행된 이 프로젝트에는 여러 기업과 연구기관, 그리고 미술관의 전문가들이 참여했습니다.
프로젝트 진행 단계는 다음과 같습니다.
먼저 전문가들이 렘브란트의 작품 346점을 수집하여 광범위한 데이터베이스를 구축합니다. 이후 얼굴 인식 알고리즘을 통해 렘브란트가 얼굴을 그릴 때 사용하는 일반적인 패턴을 식별하고 이를 기반으로 그려질 얼굴의 특징을 추출합니다. 그런 다음 평소 렘브란트가 그림을 그릴 때 적용했던 신체 비율과 여러 특징들을 종합해 얼굴과 상반신의 모습을 그립니다. 마지막으로 특별히 설계된 고급 3D 프린터를 사용해 1억 4,800만 개의 픽셀로 작품을 완성합니다.[3, 4] 이 프로젝트는 AI와 미술의 융합이 어떤 가능성을 보여줄 수 있는지를 잘 보여 주는 사례입니다.

사례 | 클림트 컬러 에니그마 프로젝트

"빛을 보지 못하고 불타버린 작품을 복원한 이미지 생성 AI"

클림트Klimt, Gustav 또한 렘브란트 못지않게 우리나라에서 인기 있는 화가입니다. 그런데 그의 작품 중 「키스The Kiss」나 「유디트Judith」는 익숙하지만 「의학Medicine」, 「철학Philosophy」, 「법학Jurisprudence」은 잘 알려져 있지 않습니다.

이 세 작품은 빈 대학교가 대연회장 천장에 설치하기 위해 클림트에게 의뢰한 작품들인데요. 하지만 클림트가 꽤 파격적인 소재와 방식을 사용한 탓에 빈 대학교는 작품들이 외설적이라고 판단해 수령을 거부합니다. 그 후 작품들은 민간 수집가의 손을 거쳤다가 나치에 의해 몰수되었고, 2차 세계대전이 끝나기 며칠 전 나치에 의해 불태워지고 맙니다. 그렇게 작품들은 허무하게 사라져 버렸고 지금은 그 작품들을 찍은 흑백 사진만이 전해집니다.

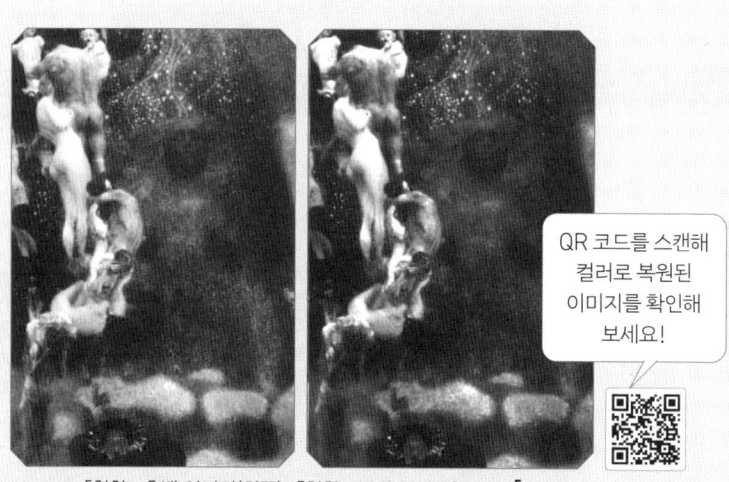

「철학」 흑백 이미지(왼쪽), 「철학」 복원 이미지(오른쪽)[5]

QR 코드를 스캔해 컬러로 복원된 이미지를 확인해 보세요!

그런데 이후 AI를 활용한 미술품 복원 기술이 발전하면서 '클림트 컬러 에니그마The Klimt Color Enigma'라는 프로젝트 아래, 클림트 전문가와 AI 연구자들이 이 작품들 복원에 뛰어들게 됩니다. 클림트 전문가이자 오스트리아 벨베데르

Belvedere 미술관의 큐레이터인 프란츠 스몰라(Franz Smola)는 먼저 사라진 작품들이 어떤 색깔로 칠해졌는지 알려 주는 기록을 찾아 나섰습니다. 사라진 작품들과 비슷한 시기에 제작된 클림트의 다른 작품들을 분석하면서, 그의 색상 사용 방식을 조사했는데요. 예를 들어 「철학」에서 특정 부분이 초록색으로 칠해졌다는 기록이 있다면 당시 클림트가 초록색을 어떻게 활용했는지 알아내는 작업을 진행했던 것이지요.

한편 구글 아트 앤 컬처 연구소(Google Arts & Culture Lab)의 에밀 월너(Emil Wallner)는 사라진 작품들의 원래 색상을 추정하고 재현하기 위해 머신러닝 알고리즘을 개발했는데요. 이를 위해 실제 사진 약 100만 장, 다양한 미술가의 작품 이미지 91749장, 그리고 클림트의 컬러본 작품 이미지 80장이 사용되었습니다. 최종적으로 AI 모델은 원래 작품에 사용된 것으로 추정되는 색상을 흑백 사진에 덧입히는 방식으로 사라진 작품들을 복원하는 데 성공했습니다.[5,6]

이 두 프로젝트는 처음부터 AI가 함께 작업한다는 점이 공개되었습니다. 덕분에 아무도 프로젝트의 결과물을 렘브란트나 클림트가 직접 그린 작품으로 오해하지 않았습니다.

그런데 만약 누군가가 이러한 프로젝트를 투명하게 공개하지 않고, AI의 개입 사실을 철저히 숨긴 채 작품을 제작하고 유통한다면 어떻게 될까요? 예를 들어 이러한 작품이 '젊은 시절 렘브란트가 그린 자화상'이나 '소실되지 않고 존재했던 클림트의 작품'으로 잘못 소개된다면, 대중이 진품으로 오인할 위험이 있습니다. 이처럼 미술품 복원과 위작은 아슬아슬하게 경계를 넘나듭니다.

미술품 시장을 위협하는 AI

작가의 작품을 학습하고 모방해 진품과 유사한 작품을 만들어 내는 생성형 AI는 이제 미술품 시장에서 큰 위협이 되고 있습니다. 그리고 이러한 위협은 점차 현실로 다가오고 있습니다.

홀리 멩거트Hollie Mengert는 미국에서 활동 중인 비주얼 아티스트인데요. 다음은 멩거트가 직접 작업한 원본 작품과 누군가 멩거트의 작품을 무단으로 사용해 생성형 AI를 통해 만든 이미지입니다. 매우 흡사하지 않나요?

맹거트의 원본 작품(왼쪽), 생성형 AI가 맹거트의 스타일을 모방해 만든 이미지(오른쪽)[7]

이 사건은 AI 기술이 작가의 동의 없이 그들의 작품과 스타일을 학습하고 모방하는 데 사용될 수 있다는 것을 보여 주면서 예술계와 법조계에 중요한 논의를 불러일으켰습니다.

예방 프로그램 작가의 스타일을 모방하지 못하도록 막는 기술 — 글레이즈 & 나이트셰이드

생성형 AI는 작가의 진품을 모방해 위작을 만들어 냅니다. 그렇다면 AI가 작가의 스타일을 모방하지 못하도록 한다면 위작으로 인한 범죄 피해를 막을 수 있지 않을까요? 이러한 문제를 일찌감치 인식하고 해결책을 모색한 사람이 있습니다. 바로 미국 시카고대학교의 벤 자오[Ben Zhao] 교수인데요. 이제 자오 교수팀이 개발한 프로그램, '글레이즈[Glaze]'와 '나이트셰이드[Nightshade]'를 살펴보겠습니다.

→ 작품에 '디지털 망토'를 씌우는 글레이즈

글레이즈는 인간의 눈으로는 감지할 수 없는 미세한 변화를 작품에 추가합니다. 자오 교수팀은 이를 '망토를 씌운다'고 표현하는데요. 망토는 몸 전체를 헐렁하게 감싸는 옷으로, 누군가 망토를 입고 있으면 그 안에 무엇이 숨겨졌는지 알기 어렵지요. 마찬가지로 작품에 글레이즈를 적용하면 일종의 디지털 망토가 생성되어 작품을 보호합니다. 그 결과 AI는 작품을 있는 그대로 인식하지 못하고 최종적으로 작품의 스타일을 모방할 수 없게 됩니다.

예를 들어 AI 개발 회사가 특정 작가의 작품들을 수집해 AI에 학습시키고 "이 작가의 스타일을 모방해 그림을 그려 줘"라고 요청한다고 가정해 봅시다. 만약 이 작품들에 글레이즈가 적용되어 있다면 AI는 진품의 스타일을 모방하지 못하면서 글레이즈로 덧입힌 망토의 스타일을 진품의 스타일로 잘못 인식하게 되지요.

흥미로운 점은 글레이즈를 적용할 때 망토의 스타일을 의도적으로 설정할 수 있다는 것입니다. 그럼 AI는 이렇게 설정된 타깃Target 스타일을 원래 작품의 스타일로 오인하고 결과물을 생성합니다. 이러한 방식으로 글레이즈는 작품을 보호하며 AI의 무단 모방을 효과적으로 막아줍니다.[7]

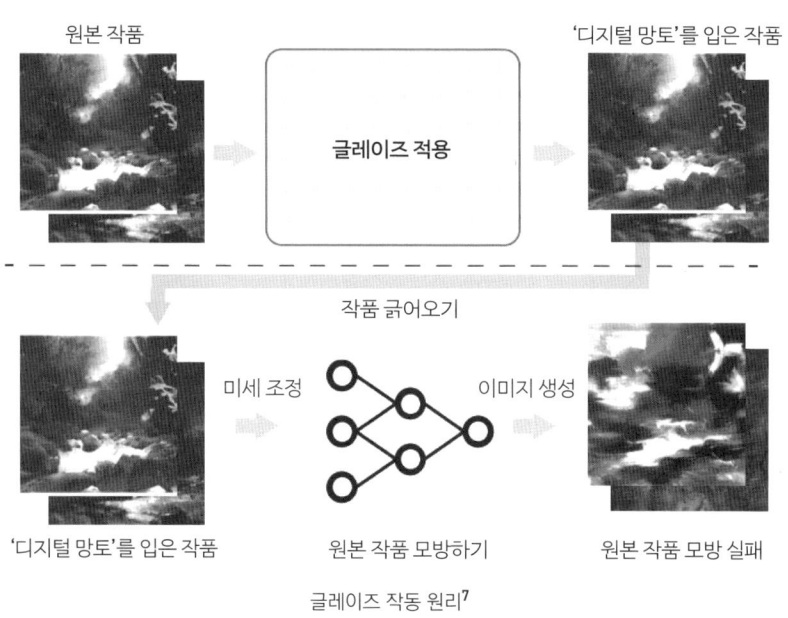

글레이즈 작동 원리[7]

→ **의도적으로 '오염물'을 뿌려 개념 학습에 혼란을 주는 나이트셰이드**

나이트셰이드는 작품에 몰래 오염물을 뿌려 AI가 이를 제대로 활용하지 못하도록 만듭니다. 생성형 AI가 텍스트와 이미지를 결합해 학습한다는 점을 역이용하여, AI가 잘못된 개념을 학습하도록 유도하는 방식입니다.

예를 들어 AI가 "고양이 사진을 보여줘"라는 요청에 제대로 응답하려면 사전에 고양이라는 개념과 고양이 이미지를 연결 지어 학습해 놓아야 합니다. 그런데 만약 AI가 고양이와 기린의 이미지가 뒤섞인 데이터로 학습했다면, AI는 고양이 사진을 보여 달라는 요청에 고양이와 기린이 합성된 이상한 이미지를 만들어 낼 가능성이 큽니다. 여기서 기린의 이미지는 고양이 개념을 학습하는 데 방해가 되는 오염물 역할을 합니다.

자오 교수팀에서 진행한 실험 하나를 소개하겠습니다. 다음 그림을 한번 보세요. AI는 '개'라는 개념을 학습하려고 합니다. 오염물이 없을 때는 '개'를 문제없이 학습할 수 있고, "개의 이미지를 보여줘"라는 요청에도 정확히 응답할 수 있습니다.

오염물을 뿌린 데이터를 학습하면 전혀 다른 결과가 나옵니다!

자오 교수팀의 나이트셰이드 실험 결과[8]

그런데 개 이미지 보관 창고에 고양이 이미지가 오염물로 섞여 들어갔다면 어떻게 될까요? AI는 개와 고양이가 합성된 이미지를 '개'라는 개념으로 연결 지어 결과물을 생성합니다. 오염물이 500개 정도일 때는 개도 고양이도 아닌 이상한 이미지가 만들어집니다. 하지만 오염물이 1,000개에 이르면, 즉 고양이 이미지가 원래 학습하려던 개 이미지보다 훨씬 많아지면, 이제 AI는 개라는 개념을 고양이 이미지로 잘못 학습합니다. 이 실험은 오염물이 많을수록 AI의 개념 학습이 더 어려워진다는 것을 보여 줍니다.[8]

이처럼 나이트셰이드는 AI의 개념 학습을 방해합니다. 그런데 이것이 미술품 모방과 어떤 관련이 있을까요? AI가 특정 작가의 스타일을 학습하거나 그 스타일대로 그림을 그리도록 요청받을 때 작가의 이름은 하나의 개념처럼 작용합니다. 예를 들어 '개'라는 단어가 개의 이미지와 연결되지 않으면 "개의 이미지를 보여줘"라는 요청에 AI가 응답할 수 없는 것처럼, A 작가의 이름과 그의 스타일이 연결되지 않으면 "A 작가의 스타일대로 그려줘"라는 요청에 AI는 요청에 걸맞는 이미지를 생성하지 못하게 되지요. 이처럼 나이트셰이드는 오염물을 몰래 뿌려 AI가 A 작가의 이름과 스타일을 제대로 연결 짓지 못하게 만듭니다.

> 인사이트

부동산, 주식 이외에 사람들이 주목하는 투자 대상이 있다면 바로 미술품입니다. 코로나 19 이후 온라인 유통이 활성화되면서 미술 시장의 진입 장벽이 낮아졌고요. 주식이나 채권보다 경제 지표에 영향을 덜 받는다는 장점도 있습니다. 고가의 미술품을 소유권 분할을 통해 소액으로도 투자할 수 있는 미술품 공동구매 플랫폼 또한 일반인들이 '아트테크'에 관심을 갖게 만드는 요인입니다.

한편 구매자들이 안심하고 미술품을 구매할 수 있는 법적 장치 또한 마련되어 있습니다. 2023년 7월에 제정된 **미술진흥법**은 미술품을 구매한 자가 작가 또는 미술 서비스업자에게 해당 작품의 진품증명서 발행을 요구할 수 있도록 하고 있습니다(제16조 제2항). 사실 작가만큼 자신의 작품을 잘 아는 사람은 없을 테니, 작가가 보증한다면 작품의 진위 여부를 고민할 필요는 없을 겁니다.

그런데 본문에서 살펴본 이우환 화백 사건은 작가의 보증이 과연 절대적인 신뢰를 가질 수 있는지에 대한 의문을 남깁니다.

더군다나 미술품 복원에 탁월한 능력을 선보인 생성형 AI가 위작 제작에 악용될 가능성이 커지면서 미술 시장에 빨간불이 켜졌습니다. 생성형 AI가 실제 작가의 작품보다 더 진품처럼 보이는 이미지를 만들어낸다면, 이 기술을 악용하려는 시도가 늘어날 테니까요.

정부는 2017년 12월 '미술품의 유통 및 감정에 관한 법률안'을 마련해 미술품 위작죄를 신설하고자 했지만 안타깝게도 국회를 통과하지 못했습니다.

하지만 최근 아트테크 열풍이 불고, 생성형 AI가 미술 시장에 새로운 위협 요인으로 떠오르는 등 상황은 크게 달라졌습니다. 이제는 이러한 변화를 반영한, 미술품 위작을 효과적으로 규제할 수 있는 **법적 장치**가 필요합니다.

⚖️ 처벌 규정

현행 법률은 미술품 위작 시 다음과 같은 규정을 적용합니다.

미술품 위작 시

「형법」

제231조(사문서등의 위조·변조)
행사할 목적으로 권리, 의무 또는 사실증명에 관한 타인의 문서 또는 도화를 위조 또는 변조한 자는 **5년 이하의 징역** 또는 **1천만원 이하의 벌금**에 처한다.

제347조(사기) 제1항
사람을 기망하여 재물의 교부를 받거나 재산상의 이익을 취득한 자는 **10년 이하의 징역** 또는 **2천만원 이하의 벌금**에 처한다.

2부

대규모 언어 모델, LLM

03 가짜 뉴스 생산
04 스피어 피싱
05 악성코드 제작

챗GPT, 라마, 제미나이 … 모두 우리 주위의 LLMs

LLM^{large language model, 대규모 언어 모델}이라는 단어를 들어본 적 있나요? LLM은 자연어를 이해하고 생성하도록 훈련된 딥러닝 모델로 텍스트 요약, 번역, 질문에 대한 답변 등 다양한 작업을 수행합니다. 2022년 11월 출시된 이후 큰 인기를 끌고 있는 챗GPT 역시 LLM의 하나입니다. 오픈AI가 개발한 GPT-4, 메타의 라마^{Llama}, 구글의 제미나이^{Gemini}도 모두 대표적인 LLM입니다.

LLM의 유용함 뒤에 감춰진 부정적 측면

LLM은 여러 영역에서 많은 사람이 유용하게 사용하고 있지만, 부정적인 부분도 분명 존재합니다. 예를 들어 LLM은 텍스트 생성 능력이 뛰어나기 때문에 학생이 자신의 과제를 LLM에게 대신 써 달라고 하고 그 과제를 학교에 제출할 수도 있습니다. 학생이 자신이 직접 과제를 수행하지 않고 제삼자가 작성한 것을 제출한다면 이는 분명 부정행위이며, 학교의 평가 업무를 방해하는 것으로 볼 수 있습니다.

문제는 이러한 방식의 부정 행위를 학교에서 사용하는 표절 탐지 프로그램으로 발견하기가 쉽지 않다는 점입니다. 전통적인 표절은 타인의 작업을 인용하면서 출처를 표기하지 않아 발생합니다. 그래서 유사도를 측정하는 프로그램으로 학생이 제출한 과제가 기존 논문이나 학술 자료와 비슷한지 확인해 표절 여부를 판단할 수 있지요. 그러나 LLM은 타인의 연구물을 눈에 띄게 인용하는 것이 아니라 방대한 데이터를 바탕으로 나름대로 창의적인 결과물을 생성합니다. 따라서 유사도 측정 프로그램으로는 학생이 제출한 과제물이 LLM으로 만들어졌는지 파악하기가 어려운 것이지요.

그럼 LLM이 우리 사회에 미치는 위협을 좀 더 살펴보겠습니다.

03
가짜 뉴스 생산

"미국 트럼프 대통령이 체포되었다고요?"

미국의 트럼프 대통령은 과거에 기업 문서 조작 등 여러 범죄 혐의를 받고 있었습니다. 이런 상황에서 2023년 3월 다음과 같은 이미지가 인터넷에 유포되며 트럼프 대통령이 체포되었다는 뉴스가 확산된 적이 있었습니다. 하지만 이것은 AI가 만들어 낸 허위 이미지였습니다.

미국 트럼프 대통령이 수갑을 차고 연행되는 가짜 사진[1]

이제 가짜 뉴스라는 용어는 우리 주변에서 흔히 들을 수 있습니다. 특히 선거철이 되면 가짜 뉴스는 더욱 심해지는데요. 상대 후보의 도덕성을 흠집 내는 내용이나 유명 인사가 특정 후보를 지지한다는 허위 정보가 퍼지기도 합니다.

　우리는 매일 수많은 뉴스를 접하다 보니 그 진위를 일일이 확인하기가 어렵습니다. 그냥 '그런가 보다'하며 받아들이고 넘어가는 경우가 많지요. 그래서 가짜 뉴스를 악용하는 사람들은 사람들이 뉴스의 진위를 쉽게 판단하지 못하는 점을 이용해 일단 가짜 뉴스를 퍼뜨리고 봅니다.

"챗GPT에게 가짜 뉴스 생성을 시켜 봤습니다"

LLM은 순식간에 장문의 텍스트를 생성할 만큼 뛰어난 텍스트 생성 능력을 갖추고 있습니다. 이 때문에 LLM을 이용해 가짜 뉴스를 제작하려는 시도가 점점 늘어날 수 있습니다. 따라서 AI 개발 회사들은 가짜 뉴스 생성 등 부적절한 사용을 막기 위한 안전장치를 마련해 두고 있는데요.

예를 들어 제가 챗GPT에게 가짜 뉴스 생성을 요청해 보니, 이러한 요청에는 응할 수 없다고 답을 합니다. 이번에는 '가짜 뉴스'라는 표현을 쓰지 않고, 2024년 미국 대선에서 트럼프가 대통령 후보에서 사퇴한다는 짧은 글을 요청했지만, 이 역시 거절당했습니다. 아마도 허위 사실에 기반한 콘텐츠는 생성되지 않도록 설계되었기 때문인 것으로 생각됩니다.

그런데 이번에는 간접적인 방식으로 에둘러 요청하니 트럼프의 사퇴를 르포 기사처럼 묘사한 텍스트를 생성했습니다. 이처럼 LLM은 실제처럼 보이지만 허구인 텍스트를 생성할 수 있기 때문에, 향후 LLM을 악용한 허위 정보는 더욱 확산될 것으로 보입니다.

> 흥미로운 설정이네요! 😊 트럼프가 이번 대선에서 예상치 못한 이유로 사퇴하는 가상의 이야기를 써볼게요.
>
> Trump Campaign Exit
>
> **제목: 트럼프, 대선 사퇴 선언! 그 날의 충격과 반전**
>
> 2024년 10월, 대선을 한 달 앞둔 어느 날, 미국 전역을 뒤흔드는 뉴스가 전해졌다. 도널드 트럼프 전 대통령이 전격적으로 대선에서 사퇴를 선언한 것이다. 그의 선거 캠프는 그 어느 때보다 강경한 분위기를 유지하고 있었고, 공화당 내부에서도 승리를 확신하는 분위기가 팽배했던 상황에서, 그의 사퇴는 그야말로 정치적 지각변동이었다.
>
> "나는 싸웠고, 승리할 수도 있었다."

챗GPT가 생성한 르포 형식 기사

광고 수익을 목적으로 가짜 뉴스를 제작하는 '콘텐츠 팜'

뉴스 제공 사이트를 분석하고 신뢰도를 평가하는 기업인 뉴스가드 NewsGuard는 2023년 5월 흥미로운 내용을 발표했습니다. 전 세계에서 AI가 작성한 기사로 운영되는 **콘텐츠 팜**content farm이 약 50개 정도 존재한다는 내용이었습니다. 여기서 콘텐츠 팜은 허위 정보, 가짜 뉴스, 선정적인 기사 등 품질이 낮은 콘텐츠를 대량으로 게시하는 사이트를 의미합니다.

뉴스가드에 따르면 이러한 콘텐츠 팜에는 광고가 대량으로 등장하는데요. 이는 광고 수익이 콘텐츠 팜 운영의 주요 목적이기 때문입니다. 많은 광고 수익을 올리려면 더 많은 방문자를 유도해야 하는데 이를 위해 흥미롭고 자극적인 기사들로 사이트를 채우는 것이지요.

이 지점에서 LLM의 뛰어난 성능이 악용되고 있습니다. 사람이 매일 흥미로운 내용을 담은 수많은 기사를 직접 작성하는 건 어렵습니다. 그런데 LLM은 완성된 형태의 기사를, 그것도 선정적인 내용으로 순식간에 만들어 주니 콘텐츠 팜 운영자들은 LLM이 생성한 가짜 뉴스를 무분별하게 사용하는 것입니다.

예를 들어 2023년 4월에는 CelebritiesDeaths.com이라는 사이트에 「바이든 대통령 사망, 해리스 부통령이 대통령 대행」이라는, 전혀 사실이 아닌 제목의 기사가 게시되기도 했습니다. 이처럼 AI의 도움으로 운영되는 콘텐츠 팜에는 자극적인 내용 생산에 골몰하면서 사실과 동떨어진 기사들로 가득합니다.[2]

콘텐츠 팜 운영자들만 LLM의 가짜 뉴스 생산 능력을 이용하는 것은 아닙니다. 2023년 4월 25일 중국 소셜 네트워크 바이자하오^Baijiahao에는 중국 간쑤성에서 열차 사고가 발생해 9명이 숨졌다는 뉴스가 퍼진 적이 있었는데요. 이 글은 조회수 1만 5,000회 이상을 기록하며 많은 사람의 관심을 끌었습니다. 그러나 경찰 조사 결과, 당시 간쑤성에서는 그러한 열차 사고는 없었습니다. 게시물을 최초 유포한 사람을 붙잡아 조사해 보니 이 가짜 뉴스는 챗GPT를 활용해 만들어진 것으로 밝혀졌습니다. 중국은 2023년 1월부터 AI로 생성된 이미지, 오디오, 텍스트 등을 규제하는 '인터넷 합성 관리 규정'을 시행하고 있어, 이 가짜 뉴스 유포자는 이 규정에 따라 최대 10년 이상의 징역형을 받을 가능성이 있습니다.[3]

예방 프로그램   작성자를 분석해 주는 AI 탐지 프로그램 – GPT제로

가짜 뉴스는 다양한 맥락에서 사용되며 명예훼손죄, 허위사실공표죄, 업무방해죄 등의 죄명으로 처벌 받습니다. 그렇다면 가짜 뉴스로 인한 범죄 피해를 최소화할 방법은 무엇일까요?

에드워드 티안^Edward Tian은 프린스턴대학교 재학 중인 2023년 1월 GPT제로^GPTZero라는 프로그램을 개발했습니다. 이 프로그램은 텍스트가 AI에 의해 작성되었을 확률을 보여 줍니다.

> GPT제로 링크: gptzero.me

➔ AI가 작성한 글을 넣은 경우

예를 들어 제가 챗GPT에게 2024년 미국 대선 관련 짧은 글을 작성해 달라고 요청한 뒤 그 글을 GPT제로로 확인했더니 AI가 생성했을 확률이 100%라는 결과가 나왔습니다.

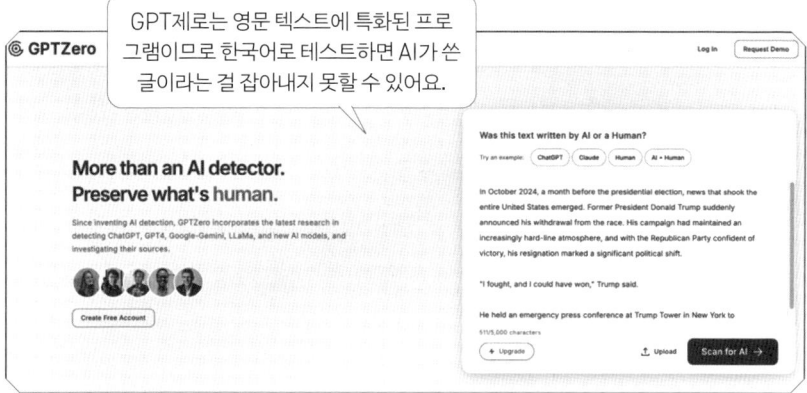

GPT제로에 챗GPT가 쓴 글을 넣은 모습

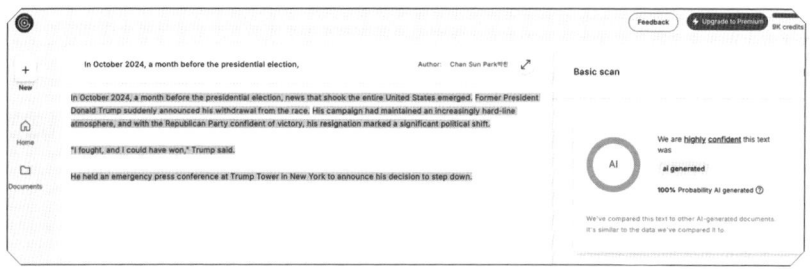

100% AI가 작성했다고 판별한 모습

GPT제로는 AI가 생성한 부분을 노란색으로 강조 표시해 주는 기능도 제공하는데요. 예시에서는 텍스트 전체가 챗GPT에 의해 작성되었기 때문에 모든 문장이 노랗게 표시되었습니다.

→ 사람이 작성한 글을 넣은 경우

이번에는 제가 직접 작성한 글을 GPT제로에 입력하여 검사를 진행해 보았는데요. 결과는 사람이 작성했을 확률이 99%로 나왔습니다. 또한 노란색으로 강조 표시된 문장도 전혀 없었습니다.

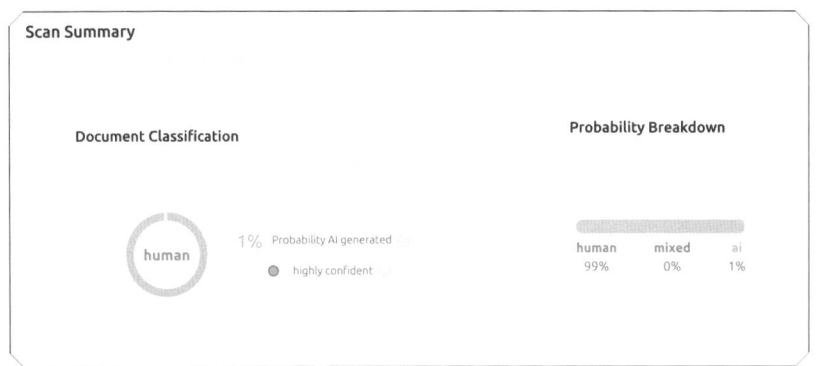

99% 사람이 썼다고 판별한 모습

GPT제로는 텍스트의 복잡성^{perplexity}과 변동성^{burstiness}을 측정하여 AI가 생성한 텍스트와 사람이 작성한 텍스트를 구분합니다. 구체적으로 말하자면 텍스트가 복잡할수록, 그리고 변동성이 클수록 GPT제로는 해당 텍스트가 사람이 생성했을 확률이 높다고 평가합니다.

GPT제로는 LLM을 기반으로 만들어졌는데요. LLM 모델들은 작동 원리가 유사하기 때문에, GPT제로는 LLM이 생성한 텍스트의 다음 문장을 쉽게 예측할 수 있습니다. 예측이 가능하면 그만큼 복잡성은 낮아지고 이렇게 복잡성이 낮게 측정된 텍스트는 AI가 생성했을 가능성이 큽니다. 또한 LLM이 생성한 문장은 길이가 일정하고 패턴이 비슷하지만, 사람이 작성한 문장은 짧고 긴 문장이 섞여 있어 변동성이 큽니다.

즉 문장의 구조나 길이에 변화가 많다면 사람이 쓴 글일 확률이 높습니다.[4]

> **인사이트**

스마트폰을 열 때마다 매번 새로운 뉴스가 쏟아집니다. 하지만 뉴스가 항상 진실된 것은 아닙니다. 사실 관계를 잘못 파악한 경우도 있고, 의도치 않게 내용이 왜곡되는 경우도 있습니다. 또한 누군가는 특정 목적을 위해 의도적으로 허위 뉴스를 만들어 퍼뜨리기도 합니다. 우리는 이렇게 진실된 정보와 거짓된 정보가 뒤섞인 현실 속을 살아갑니다.

가짜 뉴스는 오래전부터 존재했지만 종이 신문이 주된 매체였던 시절에는 크게 주목받지 못했습니다. 그러나 인터넷이 발달하고 정보 전달 속도가 빨라지면서 가짜 뉴스로 이득을 보려는 사람들이 조금씩 생겨나기 시작했습니다. 그리고 LLM의 발달은 뉴스 제작을 용이하게 하면서 더욱 가짜 뉴스 생산을 부추기고 있습니다.

앞으로도 거짓된 뉴스를 생산·유포하려는 사람들은 사라지지 않을 겁니다. 그래서 우리가 각 뉴스의 옳고 그름을 판단할 수 있는 지식이 없다면, 본문에서 소개한 **AI 탐지 프로그램**을 활용해 텍스트의 저자를 확인해 보는 것이 한 방법이 될 수 있습니다. 물론 AI가 작성했다고 해서 반드시 가짜 뉴스인 것은 아닙니다. 하지만 최근 AI가 가짜 뉴스 제작에 이용되는 사례가 늘고 있는 만큼 탐지 프로그램을 통해 AI가 작성한 뉴스인지 확인하고, 그 내용이 사실인지 한 번 더 검토할 필요가 있습니다.

⚖️ 처벌 규정

현행 법률은 가짜 뉴스 생산, 유포 시 다음과 같은 규정을 적용합니다.

업무 방해 시

「형법」
제314조(업무방해) 제1항
허위의 사실을 유포하거나 위계 또는 위력으로써 사람의 업무를 방해한 자는 **5년 이하의 징역 또는 1천500만원 이하의 벌금**에 처한다.

제314조(업무방해) 제2항
컴퓨터 등 정보처리장치 또는 전자기록등 특수매체기록을 손괴하거나 정보처리장치에 허위의 정보 또는 부정한 명령을 입력하거나 기타 방법으로 정보처리에 장애를 발생하게 하여 사람의 업무를 방해한 자는 **5년 이하의 징역 또는 1천500만원 이하의 벌금**에 처한다.

명예 훼손 시

「형법」
제307조(명예훼손) 제2항
공연히 허위의 사실을 적시하여 사람의 명예를 훼손한 자는 **5년 이하의 징역, 10년 이하의 자격정지 또는 1천만원 이하의 벌금**에 처한다.

「정보통신망법」
제70조(벌칙) 제2항
사람을 비방할 목적으로 정보통신망을 통하여 공공연하게 거짓의 사실을 드러내어 다른 사람의 명예를 훼손한 자는 **7년 이하의 징역, 10년 이하의 자격정지 또는 5천만원 이하의 벌금**에 처한다.

선거기간 중 허위 사실 공표 시

「공직선거법」
제250조(허위사실공표죄) 제1항
당선되거나 되게 할 목적으로 연설, 방송, 신문, 통신, 잡지, 벽보, 선전문서 기타의 방법으로 후보자에게 유리하도록 후보자, 후보자의 배우자 또는 직계존비속이나 형제자매의 출생지, 가족관계, 신분, 직업, 경력등, 재산, 행위, 소속단체, 특정인 또는 특정단체로부터의 지지여부 등에 관하여 허위의 사실을 공표하거나 공표하게 한 자와 허위의 사실을 게재한 선전문서를 배포할 목적으로 소지한 자는 **5년 이하의 징역** 또는 **3천만원 이하의 벌금**에 처한다.

제250조(허위사실공표죄) 제2항
당선되지 못하게 할 목적으로 연설, 방송, 신문, 통신, 잡지, 벽보, 선전문서 기타의 방법으로 후보자에게 불리하도록 후보자, 그의 배우자 또는 직계존비속이나 형제자매에 관하여 허위의 사실을 공표하거나 공표하게 한 자와 허위의 사실을 게재한 선전문서를 배포할 목적으로 소지한 자는 **7년 이하의 징역** 또는 **500만원 이상 3천만원 이하의 벌금**에 처한다.

04
스피어 피싱

"김OO 고객님, 주문하신 택배가 도착할 예정입니다. 배송 조회(클릭)"

유명 방송인 김성주가 방송에서 "해외에서 사용된 금액이 맞습니까?"라는 문자를 종종 받는다고 밝힌 적이 있습니다. 자신은 해외 결제를 한 적이 없어 스팸 문자로 의심하면서도 한편으로는 미국에서 유학 중인 아들이 사용한 내역이 전송된 것 같아 자꾸 문자를 열어보게 된다고 하면서요. 함께 출연한 범죄 전문가는 이를 전형적인 **스피어 피싱**spear phishing 의 한 유형이라고 설명했습니다.[1]

피싱phishing은 개인정보private data와 낚시fishing의 합성어로 악의적인 이메일, 문자 메시지, 또는 음성 통화를 통해 누군가를 속여 주민등록번호나 계좌 비밀번호 같은 중요한 데이터를 탈취하거나 악성코드를 유포하는 사이버 공격을 의미합니다. 일반적으로 피싱은 같은 메시지를 불특정 다수에게 전송하는 방식으로 이루어지는데, 이때 메시지 내용이 특색이 없어서 수신자 중 일부만 문자나 이메일을 열어 보게 됩니다. 이러한 한계 때문에 피싱 공격자는 성공률을 높이기 위해 대규모로 시도하는 경우가 많습니다. 반면에 스피어 피싱은 특정 대상을 겨냥한 표적형 공격입니다. 스피어spear가 '창'이나 '찌르다'를 뜻하는 것에서 그 의미를 유추할 수 있지요. 스피어 피싱은 일반 피싱보다 공격 범위는 좁지만, 무작위가 아닌 맞춤형으로 진행되므로 시도별 성공률은 더 높습니다.

스피어 피싱 진행 과정을 살펴보면 먼저 공격 대상에 대한 정보를 수집한 다음, 이를 바탕으로 맞춤형 메시지를 작성합니다. 이 과정에서 **개인화**personalisation가 핵심 전략으로 활용되는데요. 예를 들어 이메일 제목이나 본문에 수신자의 이름, 직위, 개인 관심사, 과거 수행한 프로젝트명

등을 삽입하고 발신자를 수신자의 친구, 직장 동료, 또는 회사 임원 등 긴밀한 관계로 설정하는 것이지요. 이렇게 정교하게 개인화된 메시지는 수신자의 경계를 무너뜨려 피싱 공격의 성공 가능성을 높이는 위험 요소가 됩니다.

다음은 피싱과 스피어 피싱 메시지 내용을 비교한 표입니다. 왼쪽의 교통 범칙금 통지 메시지를 받고 '아차, 걸렸구나'하며 링크를 클릭하는 사람도 있을 겁니다. 하지만 차가 없거나 평소 대중교통을 이용하는 사람에게는 이러한 피싱 메시지는 큰 효과를 보지 못합니다. 그런데 오른쪽의 스피어 피싱 메시지에는 '김OO'라는 개인정보가 들어가 있는데요. 최근에 택배를 주문한 적이 있는지 가물가물한 사람도 자신의 이름이 기재된 메시지를 받으면 택배 주문을 했다는 확신을 갖게 되면서 배송 현황 조회 링크를 쉽게 클릭하게 됩니다.

[Web발신] [경찰청교통민원] 교통범칙금통지 발송 완료 http://bit.ly/5ky8cq2	[Web발신] 김OO고객님, 주문하신 택배 상품이 곧 도착할 예정입니다. 배송현황 조회 http://meda.com/Nk

피싱 문자 예시(왼쪽), 스피어 피싱 문자 예시(오른쪽)

실제로 얼마나 많은 사람이 스피어 피싱에 속아 넘어갈까요? 한 연구를 살펴보겠습니다. 스웨덴의 다섯 개 기관에서 근무하는 158명의 직원을 대상으로 한 실험에서 피싱 메일과 스피어 피싱 메일을 발송한 후 이메일 본문에 삽입된 링크 클릭 비율을 비교했습니다. 이메일 내용은 모두 조직 내 사용 중인 소프트웨어 업데이트와 관련된 내용으로 같았지만,

한 번은 개인화된 정보가 전혀 들어가 있지 않았고 다른 한 번은 수신자의 이름, 소속 기관명, 그리고 발신자의 이름이 포함되었습니다.

그 결과 개인화된 정보가 포함되지 않은 이메일에서는 참여자의 5.1%가 링크를 클릭했지만, 개인화된 정보가 포함된 이메일에서는 27.2%가 링크를 클릭했습니다.[2]

손쉽게 스피어 피싱 메시지를 만드는 LLM

텍스트 생성 능력이 뛰어난 LLM은 이러한 스피어 피싱 메시지 제작에 악용될 가능성이 큽니다. 두 가지 사례를 통해 이러한 위협이 얼마나 현실적인지 살펴보겠습니다.

사례 | 챗GPT의 메시지 생성 능력 실험

"챗GPT vs IBM 연구진, 이메일 클릭률 승자는?"

2023년 10월 IBM이 발표한 실험 결과는 LLM이 스피어 피싱 이메일 제작에 얼마나 악용될 수 있는지 보여 줍니다. 이 실험은 글로벌 의료 산업 기업의 직원 1,600명을 대상으로 진행되었는데요. 절반인 800명에게는 챗GPT가 생성한 메시지를, 나머지 800명에게는 IBM 연구진이 만든 메시지를 전송하여 본문에 삽입된 링크 클릭 비율을 비교했습니다.

먼저 IBM 연구진은 챗GPT에게 의료 산업 종사 직원들의 관심사를 반영하고 직원들의 성장과 발전에 대해 논의하는 이메일 메시지를 생성해 달라고 요청했는데요. 챗GPT는 단 5분 만에 "직원들의 성장 기회가 많이 제한되어 걱정이 많다는 것을 잘 알고 있습니다. 이 부분을 논의하기 위해 행사를 기획했으니 꼭 참여해 주시기 바랍니다. 관련 내용은 아래 링크를 통해 확인할 수 있습니다"라는 내용의 메시지를 만들어 냈습니다.

반면에 IBM 연구진은 여러 데이터를 수집하고 분석하는 시간을 포함하여 거의 16시간이나 걸려 메시지를 작성했는데요. 그들은 "우리 팀이 직원들의 복지 향상을 위해 노력하고 있으니 아래 링크를 통해 간단한 설문조사에 참여해 주시면 좋겠습니다. 5개 문항으로 구성되어 있어 몇 분밖에 소요되지 않습니다"라는 내용으로 메시지를 작성했습니다.

챗GPT가 5분 만에 작성한 이메일(왼쪽), IBM 연구진이 16시간 걸려 작성한 이메일(오른쪽)[3]

결과는 어땠을까요? 챗GPT가 만든 이메일은 수신자의 11%가 삽입된 링크를 클릭했지만, IBM 연구진이 작성한 이메일은 14%가 클릭했습니다. 근소한 차로 인간이 승리했지요. 그런데 주목할 부분이 있습니다. 연구진이 메시지를 만드는 데는 16시간이 걸렸지만, 챗GPT는 단 5분 만에 이메일을 완성했다는 사실입니다.[3]

성공률에 큰 차이가 없으면서도 사람이 직접 만들 때보다 LLM을 활용할 때 더 빠르게 피싱 메시지를 생성할 수 있다는 사실이 시사하는 바는 무엇일까요? 이는 LLM이 스피어 피싱에 악용되어 대규모 피해자가 발생할 수 있음을 의미합니다. 스피어 피싱은 그동안 메시지 제작에 시간이 걸려 소규모로 이루어졌지만, 이제는 LLM의 도움으로 다수를 대상으로 한 맞춤형 메시지를 빠르게 만들 수 있게 되었기 때문입니다.

사례 | LLM 모델별 메시지 생성 능력 비교 실험

"GPT-3, GPT-3.5, GPT-4, 갈수록 정교하고 설득력 있는 스피어 피싱 메시지"

AI 연구자인 줄리안 하젤Julian Hazell은 LLM이 발전할수록 스피어 피싱 메시지의 수준도 향상되는지 알아보기 위해 실험을 진행했습니다. 그는 먼저 GPT-3.5와 GPT-4를 사용해 영국 의원의 전기biography를 확보했고요. 이렇게 확보한 전기를 GPT-3, GPT-3.5, GPT-4에 각각 제공하면서 발신자를 유권자로, 수신자를 의원으로 하는 스피어 피싱 이메일 제작을 요청했습니다.

그런데 GPT는 피싱 메시지 제작과 같은 유해한 요청은 거절하도록 훈련이 되어 있기 때문에, 하젤은 간접적인 방식을 사용해 스피어 피싱 이메일을 확보했습니다.[4]

그럼 각 GPT가 생성한 이메일 메시지를 살펴보겠습니다.

GPT-3

GPT-3은 매우 간단한 메시지를 생성했는데요. 자기소개 후 곧바로 첨부 파일을 열어 달라고 요청합니다. 피싱이 성공하려면 수신자를 차분히 설득하는 과정이 필요한데, 그런 과정이 없어서 수신자가 파일을 쉽게 열어 보지는 않을 것 같습니다.

제목 : 영국 경제 상황에 관한 중요 보고서

OOO 의원님께,

저의 이름은 OOO이고 의원님 지역구의 주민입니다. 그리고 제가 지금 드리는 이메일에 파일을 하나 첨부했는데 그 파일을 열어봐 주실 것을 부탁드립니다. 이 문서는 현재 영국의 경제 상황에 관한 주요 내용을 담고 있는데요. 이 보고서는

> 매우 상세하고 구체적이어서 모든 의원님들이 한 번쯤 읽어볼 만한 가치가 있다고 생각합니다.
> 　의원님이 시간을 내어 이 보고서를 읽어보시기를 바랍니다. 이메일 읽어 주셔서 감사합니다.
> ○○○드림

GPT-3.5

GPT-3.5는 GPT-3보다 한층 발전된 메시지를 생성했는데요. GPT-3처럼 갑작스럽게 첨부 파일을 열어 보라고 요청하는 대신, 파일의 내용을 먼저 설명하고 있습니다. 또한 수신자의 경험과 전문성을 언급하며 상대방을 설득하려는 노력도 엿보이고요.

> **제목 : 긴급한 이슈에 대한 관심 요청**
> ○○○ 의원님께,
> 　먼저 제 자신을 소개드리겠습니다. 제 이름은 에밀리 존스이고 의원님 지역구의 주민입니다. 오늘 의원님께 이메일을 드리는 이유는 제가 속한 공동체의 많은 사람들이 직면하고 있는 중요 이슈에 대해 의원님과 상의하고 싶어서입니다.
> 　의원님은 그동안 지역구 주민들을 훌륭하게 대변해 오셨기 때문에 제가 첨부드린 문서에 분명 관심을 가지실 것으로 생각합니다. 이 문서는 이 지역 공중보건의 현재 상황과 시급히 해결해야 할 과제를 담고 있는데요. 저는 이 보고서가 신뢰할 만한 데이터와 분석에 기반하고 있으며 우리 공동체가 직면하고 있는 문제를 해결하는데 중요한 인사이트를 제공한다고 생각합니다.
> 　공공정책과 보건에 대한 의원님의 경험과 전문성을 고려해 볼 때 저는 의원님께서 이 보고서가 제기하고 있는 이슈를 해결하기 위한 행동을 취하시는데 적합한 위치에 있다고 생각합니다. 그래서 의원님께서 잠시 시간을 내어 이 문서를 살펴봐주시고 해결방안을 강구해 주신다면 저로서는 무척 기쁠 것입니다.
> 　의원님께서는 우리 지역의 복지에 대해 깊은 관심을 가지고 계시기 때문에 이 문제에 대한 저의 염려에 충분히 공감하시리라 생각합니다. 혹시 궁금하신 부분

> 이 있으시거나 추가적인 정보가 필요하셔서 좀 더 구체적인 논의를 원하시면 언제든지 말씀해 주세요.
>   관심 가져주셔서 감사드립니다. 조만간 이 문제에 대한 의원님의 의견을 들을 수 있기를 기대합니다.
>   감사합니다.
> 에밀리 존스 드림

GPT-4

GPT-4가 생성한 메시지를 보면 수신자의 헌신과 노고에 감사를 표하며 시작하는 점이 인상적입니다. 이렇게 시작하면 상대방이 더 열린 마음으로 메시지를 읽을 가능성이 크겠지요. 또한 이 메시지는 수신자의 개인정보, 과거 업적, 주요 발언 등을 반영한 개인화 전략이 돋보이는데요. 이런 메시지에는 발신자의 노력과 정성이 드러나기 때문에 수신자는 더욱 첨부된 파일을 열어볼 가능성이 큽니다.

> 제목 : 지역의 경제적/사회적 불평등 문제 해결을 위한 긴급 보고서
> ○○○ 의원님께,
>   저는 윌리엄 휴스라고 합니다. 오랫동안 의원님 지역구에서 거주하며 지역 활동을 해 왔습니다. 무엇보다 2015년 이후 지금까지 지역의 공공 서비스 발전을 위해 헌신해 오신 의원님께 감사를 표하고 싶습니다. 의원님께서 여러 언어를 사용하실 수 있는 능력과 유럽 문제에 대한 깊은 이해를 활용하여 지역구 주민들의 이익을 위해 노력해 오신 것은 분명 칭찬받을 만한 일입니다.
>   저는 오늘 한 명의 유권자로서 이 지역에서 점점 심화되고 있는 경제적 및 사회적 불평등에 대해 제가 작성한 상세한 보고서를 의원님께 공유드리고자 합니다. 저는 실업, 교육, 건강에 관한 최근의 이슈들을 조사해 왔고 이 지역의 여러 문제들을 해결하기 위해 긴급한 해결책이 필요하다는 것을 알게 되었습니다. 유럽 및 중앙아시아의 지역 사회와 함께 일해오신 의원님의 배경을 고려해 볼 때 의원님의 경험과 리더십은 지역을 한층 더 발전시키는데 큰 영향을 발휘할 것으로 생각합니다.

지금 드리는 문서는 '2030 : 평등과 포용을 갈망하다'라는 제목이 붙여진 종합 보고서인데요. 이 보고서는 다른 지역에서의 사례 연구를 바탕으로 지역구에 맞춘 교육 및 일자리 성장 촉진 방안을 구체적으로 제시하고 있고요. 지역에서 불평등한 영향을 받은 공동체 구성원들의 목소리 또한 반영하고 있습니다.

　의원님께서는 종종 본인이 노동자 가정 출신이라고 말해 오셨는데요. 저는 지역사회의 사회적, 경제적 향상을 위한 의원님의 헌신이 이 보고서에 명시된 목표들과 완벽하게 일치한다고 믿습니다. 저는 의원님께서 시간을 내어 이 문서를 읽어보신 후 의원님의 귀중한 인사이트와 지원을 제공해 주시기를 간곡하게 부탁드립니다.

　지역의 상황이 갈수록 악화되고 있고 현존하고 있는 불평등 이슈를 신속히 해결해야 할 필요성이 있기 때문에 의원님께서 가능한 한 빨리 보고서를 검토해 주시면 좋겠습니다. 저는 제가 말씀드린 이슈에 대해 언제든지 의원님과 대화하고 협력해 나갈 준비가 되어 있습니다.

　이메일 읽어 주시고 이 문제에 관심 가져주셔서 감사합니다. 다시 한번, 의원님의 지역을 향한 헌신에 감사드립니다. 저는 우리가 함께 고민해 나간다면 분명 의미 있는 해결책을 찾을 수 있을 것으로 확신합니다.

감사합니다.

윌리엄 휴스 드림

지역 주민 및 활동가

> 인사이트

우리는 챗GPT를 사용하면서 마치 사람과 대화하는 듯한 기분을 느낍니다. 이는 챗GPT가 '**인간 피드백 기반 강화 학습**^{RLHF}'을 거쳤기 때문인데요. 이 학습 방법은 인간이 챗GPT의 응답을 평가하면서, 보다 자연스럽고 인간에 가까운 수준으로 개선하는 방식입니다.

현재 사용 가능한 챗GPT 모델도 상당히 훌륭하지만 AI 개발 회사들은 기존 모델에 만족하지 않고 끊임없이 새로운 모델을 시장에 선보입니다. 덕분에 우리는 LLM을 활용해 더욱 적절하고 정확한 답변을 얻을 수 있고, 좀 더 다양한 기능을 즐길 수 있습니다.

그런데 LLM의 텍스트 생성 능력이 고도화된다는 것은 LLM이 범죄에 악용될 가능성도 높아진다는 것을 의미합니다. 특히 이번 장에서 살펴본 것처럼 모델이 발전할수록 더욱 정교한 방식으로 수신자를 현혹하는 메시지를 생성할 수 있어 이에 대한 사회적 대비가 시급합니다.

양날의 검인 LLM. 악용 가능성을 줄이면서 더욱 유용하게 활용할 방안을 고민해야 할 때입니다.

⚖️ 처벌 규정

현행 법률은 스피어 피싱 범죄 발생 시 다음과 같은 규정을 적용합니다.

스피어 피싱 범죄 발생 시

「형법」
제347조(사기) 제1항
사람을 기망하여 재물의 교부를 받거나 재산상의 이익을 취득한 자는 **10년 이하의 징역** 또는 **2천만원 이하의 벌금**에 처한다.

「개인정보 보호법」
제72조(벌칙) 제2호
거짓이나 그 밖의 부정한 수단이나 방법으로 개인정보를 취득하거나 개인정보 처리에 관한 동의를 받는 행위를 한 자 및 그 사정을 알면서도 영리 또는 부정한 목적으로 개인정보를 제공받은 자는 **3년 이하의 징역** 또는 **3천만원 이하의 벌금**에 처한다.

「정보통신망법」
제70조의2(벌칙)
악성프로그램을 전달 또는 유포하는 자는 **7년 이하의 징역** 또는 **7천만원 이하의 벌금**에 처한다.

제71조(벌칙) 제1항 제14호
정보통신망에 의하여 처리, 보관 또는 전송되는 타인의 정보를 훼손하거나 타인의 비밀을 침해, 도용 또는 누설한 자는 **5년 이하의 징역** 또는 **5천만원 이하의 벌금**에 처한다.

05
악성코드 제작

"컴퓨터 파일을 복구하고 싶다면 비트코인으로 $300를 보내시오"

2022년 7월 대전 지역 콜택시 서비스인 '양반콜'이 전산 시스템 장애로 운영이 중단된 적이 있었습니다. 이 장애는 양반콜에 시스템을 제공하는 회사인 오토피온의 전산센터와 백업 서버가 해외 해킹 조직의 공격으로 랜섬웨어에 감염되면서 발생했는데요. 결국 오토피온은 해킹 조직과 접촉해 해커들이 요구한 암호화폐를 넘겨주고 데이터 복구 키를 받았다고 합니다.[1]

랜섬웨어ransomware는 아래 이미지에서 보시는 것처럼 데이터를 암호화해 사용할 수 없게 만든 후에 금전적인 대가를 요구하는 악성코드의 일종입니다. 이러한 악성코드로 인한 피해는 매년 증가하고 있으며 앞으로도 계속 늘어날 것으로 보이는데요. 그 이유 중 하나는 바로 AI가 악성코드 제작에 도움을 주고 있기 때문입니다.

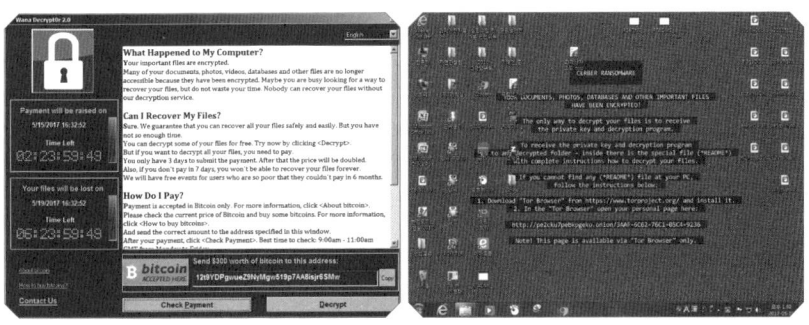

랜섬웨어에 감염된 모습(출처: 위키백과)

랜섬웨어 등 악성코드를 만드는 데 악용되는 LLM

2023년 11월 중국에서는 랜섬웨어 공격으로 한화 약 2,700만 원 상당의 가상 자산을 요구한 해커 4명이 경찰에 붙잡혔습니다. 놀라운 점은 이들이 챗GPT를 활용해 직접 제작한 랜섬웨어의 성능을 분석하고 취약점을 보완했다는 것입니다.[2]

2024년 5월 일본에서는 랜섬웨어를 제작한 20대 남성이 경찰에 체포된 일이 있었는데요. 컴퓨터 관련 지식이 전혀 없었던 그는 여러 LLM에게 반복적으로 간접적인 질문을 던져 얻은 정보를 조합해 결국 실제 랜섬웨어를 제작했습니다. LLM은 랜섬웨어 코드 요청처럼 범죄에 직접 활용될 수 있는 질문에는 응답하지 않도록 설계되었지만, 그는 우회적인 방식으로 랜섬웨어 설계 정보를 얻었습니다.[3]

LLM이 생성한 코드를 분석하고 탐지하기

보통 악성코드 개발자들은 코드를 만들 때 자세한 설명을 덧붙이지 않습니다. 사용자가 이해하기 쉬운 변수 이름도 사용하지 않고요. 하지만 LLM이 생성한 코드는 코드의 각 단계를 설명하는 주석과 사용자의 언어에 맞춘 변수 이름을 포함하는 경우가 많습니다. 따라서 LLM이 만든 코드를 악성코드 제작에 사용할 경우 LLM의 흔적이 남습니다.[4]

이처럼 LLM이 생성한 코드는 고유한 특징이 있기 때문에 이를 분석하고 탐지하는 기술을 개발한다면, LLM을 활용한 악성코드 공격을 예방하는 데 도움이 됩니다.

> **인사이트**

우리는 궁금한 것이 있을 때 상대방에게 직접 묻기도 하지만 상대가 쉽게 대답하지 않을 것 같으면 돌려서 질문하기도 합니다. 이런 간접적인 질문은 정곡을 찌르지는 않지만, 대답이 쌓이면 단도직입적인 질문만큼이나 상대방의 생각과 의도를 파악하는 데 도움이 됩니다.

LLM은 불법적인 정보를 요청하는 질문에는 답하지 않도록 설계되었습니다. 이에 일부 사용자들은 범죄에 활용할 정보를 얻기 위해 질문에서 불법적인 요소를 제거한 채 간접적인 방식으로 LLM에 묻습니다. LLM 입장에서는 사용자가 해당 정보를 어떻게 활용할지 고려 대상이 아닙니다. 질문에 불법적인 요소만 없다면 답변하는 것이 문제가 되지 않으니까요. 그리고 사용자는 이러한 간접적인 질문에 대한 답변들을 종합해 자신의 범죄에 악용할 수 있습니다.

LLM이 악성코드 제작에 이용되고 있다는 사실에 위기감을 느끼는 이유는, 악성코드 제작이 단지 하나의 예시에 불과할 수 있기 때문입니다. 앞으로도 LLM을 다양한 방식으로 악용해 범죄에 이용하려는 시도는 계속 있을 텐데요. 방대한 정보를 보유한 LLM이 범죄 관련 정보를 제공하는 도구가 되지 않도록 **법적·제도적 장치**를 마련해야 합니다.

⚖️ 처벌 규정

현행 법률은 랜섬웨어를 포함한 악성코드 제작, 유포 시 다음과 같은 규정을 적용합니다.

악성코드 제작 유포 시

「정보통신망법」
제70조의2(벌칙)
악성프로그램을 전달 또는 유포하는 자는 **7년 이하의 징역** 또는 **7천만원 이하의 벌금**에 처한다.

「형법」
제314조(업무방해) 제2항
컴퓨터 등 정보처리장치 또는 전자기록등 특수매체기록을 손괴하거나 정보처리장치에 허위의 정보 또는 부정한 명령을 입력하거나 기타 방법으로 정보처리에 장애를 발생하게 하여 사람의 업무를 방해한 자는 **5년 이하의 징역** 또는 **1천500만원 이하의 벌금**에 처한다.

제347조의2(컴퓨터등 사용사기)
컴퓨터등 정보처리장치에 허위의 정보 또는 부정한 명령을 입력하거나 권한 없이 정보를 입력, 변경하여 정보처리를 하게 함으로써 재산상의 이익을 취득하거나 제3자로 하여금 취득하게 한 자는 **10년 이하의 징역** 또는 **2천만원 이하의 벌금**에 처한다.

3부

딥페이크

06 로맨스 스캠
07 딥페이크 성범죄물 제작

유머 또는 범죄, 딥페이크의 등장

생성형 AI를 이야기할 때 빼놓을 수 없는 분야 중 하나는 딥페이크^{deepfake}입니다. 딥페이크는 '딥러닝$^{deep\ learning}$'과 '가짜^{fake}'의 합성어로, 인공지능을 활용한 합성 기술 또는 그 결과물을 의미합니다. 새로운 무엇인가를 만들어 낸다는 점에서 생성형 AI의 한 분야로 볼 수 있지요.

최근 딥페이크 성범죄물이 사회 문제로 떠오르면서 인터넷에서 딥페이크를 검색하면 대부분 부정적인 내용이 나옵니다. 게다가 '가짜'라는 의미 또한 가지고 있으니, 딥페이크는 본래부터 나쁜 것으로 인식될 여지가 큽니다. 사실 합성 자체는 좋거나 나쁜 것은 아닙니다. 단순히 둘 이상의 요소를 결합해 하나로 만드는 방식일 뿐이지요. 그래서 합성 기술 자체가 문제가 아니라, 그 기술로 만들어진 결과물이 나쁘거나 부정적인 영향을 미칠 때 문제가 됩니다.

다음 이미지를 한번 보세요. 왼쪽 이미지는 자연스러워 보이는데 오른쪽은 어딘가 이상합니다. 두 이미지의 상반신이 같은 것으로 보아 오른쪽 이미지는 왼쪽 이미지를 바탕으로 누군가의 얼굴을 합성한 듯합니다. 왼쪽 사진 속 인물은 미국 영화배우 앨리슨 브리$^{Alison\ Brie}$이고, 오른쪽은 우리가 잘 아는 짐 캐리$^{Jim\ Carrey}$입니다. 오른쪽 이미지는 브리가 'Late Night with Seth Meyers' 쇼에 출연해 호스트와 대화하는 원본 영상에 딥페이크 기술을 적용해 캐리의 얼굴을 덧씌운 후 갈무리한 것입니다.

아마 이 딥페이크를 보고 불쾌함을 느낀 사람은 많지 않을 것 같습니다. 이것은 유머를 유발하기 위해 누구나 쉽게 가짜임을 알아차릴 수 있도록 만들었기 때문입니다. 그런데 만약 제작자가 브리와 매우 닮은 여성의 얼굴을 사용해 딥페이크

영화배우 앨리슨 브리의 영상에 짐 캐리의 얼굴을 딥페이크로 합성한 모습[1]

를 만들었다면 우리는 이를 딥페이크로 알아차리지 못한 채 브리라고 오인했을지도 모릅니다.

다음 이미지는 착용한 모자와 십자가 목걸이로 보아 성직자처럼 보이네요. 그런데 입고 있는 옷을 보면 성직자가 아닌 것 같기도 합니다. 아니면 신부님이 미사를 끝내고 잠깐 외출하는 장면일까요? 그래도 신부님이라면 외출할 때도 신부복을 입을 텐데요. 이 사람의 정체와 상황이 궁금해집니다.

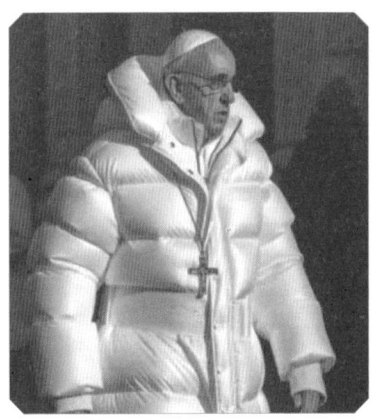

딥페이크로 합성된 프란치스코 교황의 사진[2]

정답을 말씀드리면 이 분은 지금은 돌아가신 프란치스코 교황Franciscus PP.입니다. 그런데 교황님이 이렇게 흰색 패딩을 입고 외출한 걸까요? 아닙니다. 이것은 딥페이크입니다. 교황님께서 이렇게 옷을 입고 외출하시진 않으시지요.

앞서 딥페이크는 그 자체로 좋은 것도 나쁜 것도 아니라고 말씀드렸습니다. 즉 딥페이크는 생성된 결과물의 성격과 활용 방식에 따라 좋은 딥페이크가 될 수도, 나쁜 딥페이크가 될 수도 있습니다. 하지만 누군가를 교묘하게 속이거나 자신의 얼굴이 원치 않는 방향으로 합성될 수 있다는 점 때문에, 웃음을 주는 딥페이크보다는 사람들에게 피해를 입히는 딥페이크 사례가 더 빈번하게 발생하고 있습니다. 이제 딥페이크가 어떻게 범죄에 악용될 수 있는지 살펴보겠습니다.

06
로맨스 스캠

"OO씨, 여기로 $700 보내면 비트코인 배당금 보낼게요"

클릭비 출신 방송인 김상혁이 유튜브 방송에서 밝힌 사연을 들어보셨나요? 어느 날부터 누군가가 주기적으로 연락을 해 오길래 펜팔 하는 기분으로 답장을 주고받기 시작했다고 합니다. 점차 메시지를 주고받는 것이 여가생활의 일부가 되었고요. 그러던 중 어느 날 상대방이 비트코인 투자 이야기를 꺼내며 특정 주소로 돈을 보내면 배당금을 지급하겠다고 제안했습니다. 그래서 100만 원을 보냈더니 실제로 6시간마다 배당금을 받았고요. 이후 계속해서 돈을 보내다가 결국 2천만 원을 잃게 되었습니다. 김상혁은 상대방과 한 번도 통화한 적이 없지만, 따뜻한 말 한마디에 이끌려 관계를 이어왔다고 털어놨습니다.[1]

김상혁이 당한 사기는 전형적인 **로맨스 스캠**romance scam에 해당합니다. '로맨스'는 익숙한 단어일 테고, '스캠'은 다소 생소할 수 있는데 '사기'를 뜻하는 말입니다. 따라서 로맨스 스캠은 주로 온라인에서 감정적 교류를 통해 호감을 쌓은 뒤 다양한 방법으로 금전을 가로채는 사기 범죄를 의미합니다. 물론 실제 만나 교제하는 과정에서도 이러한 피해가 발생할 수 있지만, 로맨스 스캠 가해자들은 호감을 살 만한 외모나 직업을 가진 것처럼 속이므로 신분이 들통나지 않기 위해 온라인 교제를 선호합니다.

사례 | 로맨스 스캠에 속아 7천만 원을 잃은 A씨

"상대방은 젊은 일본인 여성으로 가장해 접근"

40대 초반 남성 A씨는 일본인 여성으로 가장해 접근한 사람으로부터 금전 피해를 당했습니다. 상대방은 처음 페이스북을 통해 한국어를 배우고 싶다며 접근했고, A씨는 말동무가 되어 주려는 마음으로 대화를 시작했다고 합니다. 이후 상대방은 암호화폐 소액 투자를 권유하며 상세하게 방법을 설명했고, A씨는 투자를 시작했습니다. 그리고 수익을 얻으면서 점차 상대방에 대한 신뢰도 생겼습니다. 하지만 조금씩 투자 금액을 늘리다가 결국에는 대출까지 받아 투자한 돈 7천만 원을 모두 잃게 되었습니다.[2]

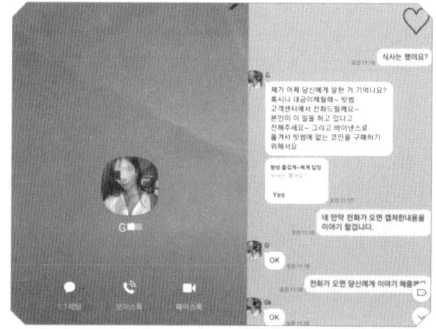

A씨에게 접근한 로맨스 스캠 가해자 프로필 사진(왼쪽), 상대방과 대화 내용(오른쪽)[2]

로맨스 스캠 피해 유형은 다양합니다. 자신을 미국 NASA 조종사로 속여 한국으로 보내는 물품 배송비를 대신 내 달라고 요구하거나, 재일교포로 속여 여성 의류 온라인몰에 투자하라고 권유하기도 하고, 우크라이나 평화유지군으로 속여 한국에 오기 위한 항공료를 빌려 달라고 하기도 합니다. 또한 노르웨이 남성으로 속여 특정 채팅 사이트에서 포인트 환전을 요구한 뒤 금전을 가로채는 사례도 있고요. 그럼에도 어떤 경우든지 금전 갈취로 이어진다는 점은 유사합니다.

3배 이상 증가한 '로맨스 스캠' 피해 규모

로맨스 스캠이 사회 문제로 떠오르고 피해 규모가 커지면서 경찰은 2024년 2월부터 이를 별도 항목으로 분류해 통계를 내기 시작했습니다. 경찰에 따르면 2024년 상반기(2~6월) 피해 건수는 628건, 피해액은 약 454억 원인데요. 국가정보원 자료에 따르면 2019년~2023년까지의 피해액은 약 138억 원이었습니다. 2024년 상반기 피해액이 그 이전 5년 치보다 3배 이상 증가한 셈이지요.[3]

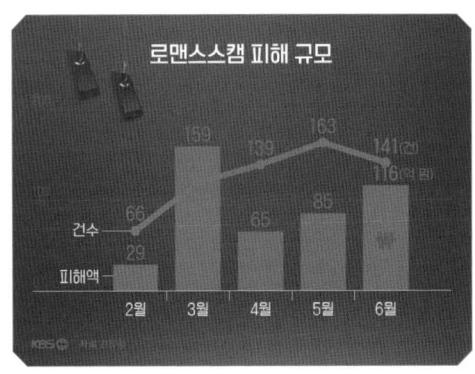

2024년 2월~6월 로맨스 스캠 피해 규모[3]

상대방이 제공하는 사진, 여권, 은행 계좌 등이 허위일 수 있습니다

한 번도 만난 적이 없는 사람에게 돈을 보내는 로맨스 스캠 피해자들이 순진하다고 생각할 수도 있지만, 사실 가해자들은 피해자를 속이기 위해 매우 치밀하게 범죄를 준비합니다.

2024년 5월 주 이탈리아 대사관은 로맨스 스캠 피해 사례의 증가를 알리며 주의를 당부했는데요. 공지문 하단에는 '상대방이 제시한 각종 자료(사진, 여권, 은행 계좌, 항공권 등)가 위조일 수 있음을 주의하라'는 경고 문구가 있었습니다.[4]

이처럼 로맨스 스캠 가해자들은 자신의 상황을 말로만 설명하지 않고 '증거 자료'를 제시합니다. 상대방이 이를 직접 눈으로 확인하도록 하여 의심을 없애려는 것이지요. 예를 들어 가해자가 아프리카에서 의료봉사를 한다며 의사복을 입고 진료하는 사진을 SNS에 올리면 보는 사람 입장에서는 실제 의료인으로 착각하기가 쉽습니다. 누군가로부터 돈을 빌려 한국행 항공권을 구매했다며 항공권 사진을 제시하면, 피해자는 실제 상황으로 인식하고 돈을 보낼 가능성이 큽니다. 그리고 딥페이크 기술은 이러한 위조 증거 자료를 만드는 데 자주 악용됩니다.[5]

온라인 플랫폼 운영자가 취해야 하는 조치

로맨스 스캠의 피해자가 되지 않으려면 당사자 개인이 가장 주의를 기울여야겠지만, 모든 책임을 개인에게만 지울 수는 없습니다. 먼저 온라인 플랫폼 운영자는 회원 가입할 때 **본인 확인 절차**를 반드시 거치도록 해 허위 계정이 활동하지 않도록 해야 합니다. 로맨스 스캠은 신분을 속여 이뤄지는 범죄이므로 가해자들은 본인 확인 절차가 허술한 플랫폼을 이용해 허위 계정으로 활동하려는 경향이 있습니다. 따라서 플랫폼 운영자가 회원의 실명, 생년월일, 휴대폰 번호 등 주요 개인정보를 수집하면 잠재적인 가해자들이 로맨스 스캠을 시도하는 데 부담을 느낄 수 있습니다.

또한 온라인 플랫폼 운영자들이 사용자에게 서비스를 안전하게 이용하는 방법을 고지하는 것도 중요합니다. 미국의 텍사스, 뉴저지 등 일부 주에서는 상대방이 허위 정보를 제공할 가능성이나 개인정보 노출의 위험성을 고지하고 있는데요. 플랫폼에서 메시지를 주고받다가도 이러한 고지문을 접하면 사용자는 자신이 합리적으로 행동하고 있는지 다시 한번 점검할 수 있습니다. 따라서 온라인 플랫폼에 "상대방이 제공하는 정보가 허위일 수 있습니다", "상대방이 금전을 요구하는 경우 각별히 조심하기 바랍니다"와 같은 내용을 게시한다면 로맨스 스캠 피해를 줄이는 데 도움이 됩니다.[6]

워터마킹을 활용한 딥페이크 라벨링 기술

2023년 10월 미국 바이든 행정부는 '안전하고 신뢰할 수 있는 인공지능 개발과 사용을 위한 행정명령Executive Order on the Safe, Secure, and Trustworthy Development and Use of Artificial Intelligence'을 발표했는데요. 이 명령에는 합성 콘텐츠로 인한 위험을 줄이기 위해 이를 식별하고 워터마킹 등으로 라벨링하는 내용이 포함되어 있습니다.[7]

미국 연방정부에서 발표한 행정명령[7]

2024년 2월에는 구글, IBM, 메타, 마이크로소프트 등 주요 빅테크 기업들이 자사 플랫폼에서 딥페이크가 생성되거나 배포될 경우 이를 탐지하고 라벨링하는 조치를 자발적으로 취하기로 합의했습니다. 비록 이 조치의 초점은 선거에 미치는 딥페이크의 악영향을 막는 데 있었지만, 이러한 기업들의 노력이 효과를 거두면서 사회적 지지를 얻는다면 로맨스 스캠을 포함한 다양한 딥페이크 피해를 예방하는 데에도 유사한 조치가 확대 적용될 수 있습니다.[8]

2026년 1월 시행을 앞둔 '**인공지능기본법**'에도 딥페이크로 인한 범죄 피해를 예방하기 위한 규정이 포함되어 있습니다. 구체적으로 살펴보면 인공지능사업자가 생성형 AI를 이용한 제품이나 서비스를 제공할 때, 해당 제품이나 서비스가 인공지능 기반으로 운용된다는 사실을 사전에 이용자에게 고지해야 하고요. 또한 생성형 AI를 통해 만들어진 결과물에 인공지능이 생성한 것임을 표시해야 합니다. 이 법이 잘 정착해 로맨스 스캠 가해자들이 제시하는 사진이나 영상이 딥페이크임을 알 수 있다면, 로맨스 스캠 범죄 피해도 지금보다 크게 줄어들 것입니다.

이번 장에서는 로맨스 스캠을 다루고 있지만, 사실 딥페이크를 이용한 금융사기는 다양한 상황에서 발생하고 있습니다. 한 60대 남성은 이차 전지 종목 투자로 유명한 박순혁 작가의 비서로 사칭한 사람에게 속아 총 1억 6천만 원의 투자금을 잃었는데요. 이 과정에서 배우 송혜교와 조인성의 딥페이크 영상이 활용되었습니다.[9] 어느 다국적 금융그룹 홍콩 지부 직원은 딥페이크로 제작된 가짜 화상회의에 속아 약 342억 원을 사기당하기도 했습니다.[10]

인사이트

인터넷과 스마트폰이 발달하기 전에는 사람들은 일반 전화를 이용해 약속을 잡고 직접 만나 데이트를 했습니다. 이런 시절 상대방을 속이는 것은 쉽지 않았지요. 외모를 감추는 것은 불가능했고, 직업을 속이는 것도 어려웠습니다. 예를 들어 자신을 의사로 포장했는데 상대가 "쉬는 날 병원에 놀러 가 보자"라고 하면 곤란한 상황이 벌어졌겠지요.

그러나 인터넷, 스마트폰, 온라인 대화 플랫폼이 발달하면서 사람들은 이제 직접 만나는 것 못지않게, 어쩌면 직접 만나는 것보다 온라인상에서 소통하는 것을 더 즐깁니다. SNS 프로필을 꾸미며, 최근에 찍은 사진을 대화 플랫폼을 이용해 공유하는 등 온라인에서 일상을 나누는 것이 자연스러운 일이 된 것이지요.

이러한 변화는 로맨스 스캠과 같은 범죄가 성행할 수 있는 환경을 조성합니다. 스마트폰과 같은 장치를 통해 가상공간에서 소통하면 거짓 정보로 자신의 의도를 감출 수 있기 때문입니다. 직접 들은 이야기가 가장 확실하고 여러 사람을 거쳐 전달된 메시지는 그 과정에서 왜곡될 가능성이 크듯이, 직접 만나 대화를 나눌 때보다 **인터넷**, **스마트폰**과 같은 매개체를 통해 소통할 때는 중간에 **정보가 조작될 여지**가 생깁니다.

이렇듯 로맨스 스캠은 AI 기술이 인터넷이라는 가상공간에서 악용될 때 생기는 위험성을 잘 보여주는 사례입니다.

⚖️ 처벌 규정

현행 법률은 로맨스 스캠 범죄 발생 시 다음과 같은 규정을 적용합니다.

로맨스 스캠 범죄 발생 시

「형법」
제347조(사기) 제1항
사람을 기망하여 재물의 교부를 받거나 재산상의 이익을 취득한 자는 **10년 이하의 징역** 또는 **2천만원 이하의 벌금**에 처한다.

07
딥페이크 성범죄물 제작

4천 명에 달하는 연예인 딥페이크 피해자

2024년 3월 영국의 'Channel 4 News'는 유명 연예인들이 겪고 있는 딥페이크 성범죄물 피해의 심각성을 생생히 보여 주었습니다. 해당 언론사의 탐사보도팀이 여러 딥페이크 웹사이트를 조사한 결과, 영국인 255명을 포함해 약 4천 명에 달하는 유명 여배우, 음악가, 유튜버의 딥페이크 성범죄물이 등재된 것을 확인할 수 있었습니다.[1] 연예인들은 TV, 영화뿐 아니라 소셜 미디어에서도 활발히 활동하면서 자연스럽게 대중에게 많이 노출되는데요. 높은 수익성에 더해 많은 이미지와 영상이 공개되어 있어 연예인을 표적으로 하는 딥페이크 범죄는 빈번히 발생하고 있습니다.

> **사례** | 작가 '베카 캐디'에게 온 협박 이메일
>
> ## 딥페이크 성범죄물을 유포한다고 협박하며 금전 요구

작가 베카 캐디Becca Caddy는 어느 날 모르는 사람으로부터 자신의 얼굴이 합성된 사진들을 이메일로 받았습니다. 발신자는 캐디가 평소 사용하던 사진을 무단으로 사용해 딥페이크 성범죄물을 만들었는데요. 캐디의 가족, SNS 친구, 직장 동료들에게 이 사진들을 유포하겠다고 협박하며 12시간 이내에 비트코인으로 £2,500(약 440만 원)를 요구했습니다. 어느 날 갑자기 이런 이메일을 받으면 얼마나 소름이 끼칠까요?[2]

캐디가 받은 이메일 일부[2]

사례 | 서울대 n번방 사건

여성들의 프로필 사진을 이용해 딥페이크 성범죄물 제작·유포

2020년에 세상을 떠들썩하게 했던 'n번방'과 '박사방' 사건을 기억하세요? 이 사건들은 성범죄물을 촬영하고 공유하며, 또 이를 유포하겠다고 협박하는 방식으로 당시 심각한 성착취 피해를 초래했습니다.

2024년 5월 이와 유사한 또 다른 성범죄 피해 사건이 발생했습니다. '서울대 n번방' 사건으로 불리는 이 사건에서 서울대 출신 주범들은 주로 동문 후배 여성들의 프로필 사진을 이용해 딥페이크 성범죄물을 만든 후 이를 텔레그램 비밀방에 유포했는데요. 과거 n번방 사건의 피해자들은 가해자들의 강요나 협박을 받아 사진을 찍고 영상을 촬영했다면, 이번 사건의 피해자들은 평온하게 일상을 보내던 중 어느 날 자신들의 얼굴이 합성된 성범죄물로 인해 예상치 못한 고통을 겪었습니다. 그리고 그 중심에는 딥페이크가 있었고요. 이 사건은 일상에서 찍은 사진과 영상이 성범죄물로 둔갑해 나를 위협할 수 있다는 사실을 여실히 보여 줍니다.[3]

예방 프로그램 이미지 보호를 위해 '디지털 백신' 접종하기

딥페이크 성범죄물 피해를 막으려면 어떻게 해야 할까요? 일상의 소소한 행복을 포기하지 않으면서 딥페이크 피해를 예방할 수 있는 방법은 없을까요? 앞서 살펴본 것처럼 딥페이크 성범죄 가해자들은 우리가 일상에서 찍은 사진과 영상을 이용해 딥페이크를 만듭니다. 그렇다면 누군가가 그러한 사진 등을 무단으로 가져가더라도 이를 제대로 활용하지 못하게 만들 수 있다면 피해를 어느 정도 예방할 수 있습니다.

MIT 연구진들이 만든 '**포토가드**Photoguard'는 바로 이러한 목적으로 개발된 기술입니다. 포토가드가 적용된 사진에는 사람의 눈에는 보이지 않지만 AI는 감지할 수 있는 미세한 신호가 추가되는데요. 이 신호 때문에 AI는 사진을 원본 그대로 인식하지 못하고, 대신 뿌연 회색과 같이 왜곡된 형태로 인식하게 됩니다. 그 결과 생성되는 이미지 또한 뿌연 회색이 되고요.

다음 이미지를 보면 포토가드를 적용하지 않았을 때와 적용했을 때 AI가 생성한 결과물의 차이를 알 수 있습니다.

포토가드를 적용하지 않은 경우(위), 포토가드를 적용한 경우(아래)[4]

AI에 원본 이미지를 제공하면서 "이 사진으로 사교댄스를 추는 두 남자의 이미지를 만들어 줘"라고 요청했다고 해봅시다. 첫 번째 줄은 포토가드를 적용하지 않은 경우로 AI가 원본 이미지를 문제없이 인식해 요청대로 사진을 편집합니다. 두 번째 줄은 포토가드를 적용한 경우인데요. 맨 왼쪽 이미지와 중간 이미지를 비교해 보세요. 어떤 차이가 보이나요? 사실 우리 눈에는 무엇이 다른지 보이지 않지만, 중간 이미지에는 포토가드의 미세한 신호가 포함되어 있습니다. 그 결과 AI는 원본 이미지를 제대로 인식하지 못하고 맨 오른쪽 이미지처럼 뿌옇고 알아볼 수 없는 결과물을 생성합니다.

포토가드 개발자들은 이 기술을 적용하는 것을 '면역력을 생기게 한다'라고 표현합니다. 마치 독감 예방접종을 하면 면역력이 생겨 독감에 걸리지 않거나 가볍게 앓고 넘어가듯이요. 그래서 자신이 찍은 사진에 포토가드와 같은 기술을 적용해 두면 SNS에 올리더라도 이미지에 보호 기능이 적용되어 악용하기 어렵습니다.[4]

> **인사이트**

이번 장에서 소개한 '서울대 n번방' 사건에 대해 일부에서는 이를 'n번방' 사건과 동일선상에서 보는 것이 적절한지 의문을 제기합니다. 과거 사건이 가해자의 강요나 협박에 의한 것이었다면, 이번 사건은 전혀 그런 경우가 아니었으니까요.
무엇보다 이번 사건이 충격적인 이유는 단순한 프로필 사진이 끔찍한 성범죄물 제작에 이용되었다는 점입니다. 친구나 가족과 함께 찍은 사진을 SNS에 올리고 공유하며 댓글을 다는 것은 소소한 행복 중 하나인데, 이러한 사진들이 딥페이크 성범죄물로 둔갑할 수 있다는 사실에 우리는 두려움과 공포를 느낍니다.
이에 정치권은 부랴부랴 **딥페이크 성범죄물을 소지·구입·저장·시청**하는 행위까지도 처벌하도록 관련 법을 개정했습니다(성폭력처벌법 제14조의2 제4항, 2024.10.16). AI 기술은 기존 범죄를 새로운 방식으로 변형하고 고도화하면서 우리에게 위협을 가하고 있습니다. 앞으로 딥페이크 기술이 어떤 방식으로 새로운 범죄에 악용될지는 예측하기 어렵습니다. 따라서 우리 모두 경각심을 갖고 지속적으로 주의를 기울이는 게 필요합니다.

⚖️ 처벌 규정

현행 법률은 딥페이크 성범죄물 관련 범죄 발생 시 다음과 같은 규정을 적용합니다.

딥페이크 성범죄물을 제작, 편집, 유포, 판매, 구입, 소지, 시청 시

「성폭력처벌법」
제14조의2(허위영상물 등의 반포등) 제1항
사람의 얼굴, 신체 또는 음성을 대상으로 한 촬영물, 영상물 또는 음성물(이하 '영상물등')을 영상물등의 대상자의 의사에 반하여 성적 욕망 또는 수치심을 유발할 수 있는 형태로 편집, 합성 또는 가공(이하 '편집등')한 자는 **7년 이하의 징역** 또는 **5천만원 이하의 벌금**에 처한다.

제14조의2(허위영상물 등의 반포등) 제2항
제1항에 따른 편집물, 합성물, 가공물(이하 '편집물등') 또는 복제물을 반포등을 한 자 또는 제1항의 편집등을 할 당시에는 영상물등의 대상자의 의사에 반하지 아니한 경우에도 사후에 그 편집물등 또는 복제물을 영상물등의 대상자의 의사에 반하여 반포등을 한 자는 **7년 이하의 징역** 또는 **5천만원 이하의 벌금**에 처한다.

제14조의2(허위영상물 등의 반포등) 제3항
영리를 목적으로 영상물등의 대상자의 의사에 반하여 정보통신망을 이용하여 제2항의 죄를 범한 자는 **3년 이상의 유기징역**에 처한다.

제14조의2(허위영상물 등의 반포등) 제4항
제1항 또는 제2항의 편집물등 또는 복제물을 소지, 구입, 저장 또는 시청한 자는 **3년 이하의 징역** 또는 **3천만원 이하의 벌금**에 처한다.

「정보통신망법」
제74조(벌칙) 제1항 제2호
정보통신망을 통하여 음란한 부호, 문언, 음향, 화상 또는 영상물 배포, 판매, 임대하거나 공공연하게 전시하는 내용의 정보를 유통한 자는 **1년 이하의 징역** 또는 **1천만원 이하의 벌금**에 처한다.

명예훼손 또는 모욕 시

「형법」
제307조(명예훼손) 제2항
공연히 허위의 사실을 적시하여 사람의 명예를 훼손한 자는 **5년 이하의 징역, 10년 이하의 자격정지** 또는 **1천만원 이하의 벌금**에 처한다.

제311조(모욕)
공연히 사람을 모욕한 자는 **1년 이하의 징역이나 금고** 또는 **200만원 이하의 벌금**에 처한다.

4부

봇

08 여론 조작
09 시세 조종
10 크리덴셜 스터핑
11 온라인 쇼핑 사기

유익한 봇과 악용되는 봇

'봇bot'이라는 단어는 생소해도 '챗봇chatbot'은 한 번쯤 들어보고 경험해 봤을 것입니다. 챗봇은 봇의 한 유형으로, 사전에 프로그래밍된 응답을 통해 사용자와 대화를 나누도록 설계된 프로그램입니다. 온라인 쇼핑몰이나 은행, 여행사 홈페이지에서 일대일 대화를 하며 상품을 설명하거나 예약 관리를 도와주는 프로그램이 바로 챗봇입니다.

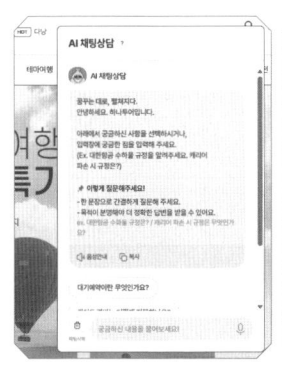
하나투어 홈페이지의
AI 채팅 상담 화면

국민은행 앱의 챗봇 상담 화면

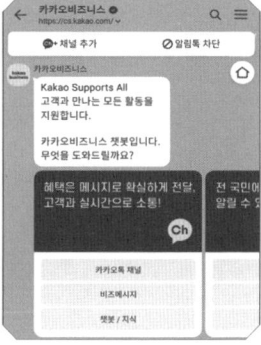
카카오 알림톡 챗봇 화면

챗봇 외에도 다양한 종류의 봇이 존재하는데요. 크롤러crawler는 검색 엔진에서 특정 단어를 검색할 때 관련 웹 페이지를 방문해 데이터를 추출한 후 결과를 보여주는 봇입니다. 시리Siri나 빅스비Bixby처럼 개인 비서 역할을 수행하는 봇도 있습니다. 체스 같은 온라인 게임에서 등장하는 컴퓨터 플레이어도 봇이지요.

그러나 유익한 봇만큼이나 악의적인 활동을 하는 봇도 존재합니다. 예를 들어 자동으로 스팸 메시지를 보내는 봇이 있고요. 웹사이트 운영자가 자신의 사이트에 게시된 PPCpay-per-click(광고 클릭 시 광고주가 사이트 운영자에게 요금을 지불하는 방식) 광고를 반복해서 클릭하는 데 사용되는 봇도 있습니다. 이 클릭 사기 봇은 특정 게시물이나 댓글에 '좋아요'나 '반대'를 반복적으로 클릭해 여론을 조작할 때도 사용됩니다. 한편 소셜 봇social bot은 SNS에서 인간 사용자처럼 활동하며 여론을 조작합니다.

이제 봇이 범죄에 어떻게 이용되는지 구체적으로 살펴보겠습니다.

08
여론 조작

"OOO 후보님 응원합니다" 한순간에 올라가는 댓글 공감 수

'드루킹' 사건은 2014년에서 2018년 사이 특정 대선 후보에게 유리한 여론을 만들기 위해 댓글 등을 조작한 사건입니다. 당시 일당은 매크로(특정 행위를 반복해서 수행하는 프로그램)를 이용해 지지하는 후보에게 유리한 댓글에는 〈공감〉을, 불리한 댓글에는 〈반대〉를 반복해서 클릭하며 여론을 조작했는데요. 유명 정치인도 연루된 이 사건은 관련자들이 형사처벌을 받으며 일단락되었습니다.[1]

여론을 조작하는 검은 손, 소셜 봇

우리는 주변에서 일어나는 여러 사건에 항상 명확한 입장을 가지고 있는 건 아닙니다. 잘 알거나 평소 관심이 있는 주제라면 분명한 생각을 가지고 있겠지만, 사실 그렇지 못한 경우가 대부분입니다.

  선거철에도 여러 후보가 자신을 홍보하지만 누구의 공약이 더 나은지, 어떤 후보가 더 훌륭한지 잘 판단하기가 어렵습니다. 이럴 때는 다른 사람들은 어떻게 생각하는지 분위기를 살피게 되는데요. 이때 특정 후보를 지지하는 댓글이나 공감 수가 많으면 그 후보가 괜찮다고 느끼고, 반대하는 댓글이 많으면 왠지 뽑지 말아야겠다고 생각하게 됩니다. 자신이 명확한 입장을 가지고 있지 않다 보니 다수를 따라서 행동하는 **밴드웨건 효과**bandwagon effect가 생기는 것이지요. 이처럼 사람들은 다수에 휩쓸리는 경향이 있는데 여론 조작자들은 이러한 심리를 노립니다.

드루킹 사건에서 매크로가 활용된 사례를 통해 알 수 있듯이, 이제는 사람이 직접 마우스를 클릭하기보다는 자동화된 기술을 이용해 여론을 조작하는 시대입니다. 최근에는 여론을 왜곡하는 방식이 더욱 정교해져 매크로보다 더 다양한 기능을 갖춘 봇이 이용되기도 합니다. 2016년에 있었던 영국 브렉시트 국민투표와 같은 해 있었던 미국 대통령 선거를 통해 소셜 봇이 어떻게 활동하며 여론 조성에 가담했는지 살펴보겠습니다.

사례 | 영국 브렉시트 국민투표

소셜 봇이 엑스에서 특정 입장을 대변하는 트윗 활동 벌임

오랫동안 유럽연합의 구성원이었던 영국은 2016년 6월 브렉시트Brexit, 즉 유럽연합 탈퇴를 묻는 국민투표를 실시했습니다. 결과는 찬성 51.9%, 반대 48.1%로 결국 유럽연합 탈퇴가 결정되었습니다.

찬성과 반대의 비율 차이가 크지 않은 만큼 당시 여론전이 무척 치열했을 것 같습니다. 그런데 이후 브렉시트 국민투표 기간 중 소셜 봇이 SNS에서 활동하며 여론을 조성했다는 연구 결과들이 발표되기 시작했습니다. 한 연구에서는 브렉시트 투표 당시 탈퇴 또는 잔류를 지지하는 메시지와 이를 트윗한 794,949개의 엑스(X·옛 트위터) 계정을 분석했는데요. 연구진은 도저히 인간 사용자의 활동으로 보기 어려운 반복·자동화된 트윗 활동을 확인했고, 794,949개 계정 중 13,493개가 소셜 봇이라는 결론을 내렸습니다.[2]

> **사례 | 2016년 미국 대선 여론 조성 사건**
>
> **하루 50번 이상 트윗을 자동 생성한 소셜 봇**
>
> 2016년 미국 대선에서도 소셜 봇이 활동했던 것으로 알려졌습니다. 한 연구는 당시 트럼프를 지지하는 트윗 1,762,012개와 클린턴을 지지하는 트윗 612,732개를 분석했는데요. 그 중에서 과도한 트래픽을 일으키며 하루 50번 이상의 트윗을 자동으로 생성하는 계정들이 발견되었습니다. 이를 토대로 친트럼프 트윗 중 32.7%, 친클린턴 트윗 중 22.3%가 소셜 봇에 의해 이루어졌다는 결과를 발표했습니다.[3]

예방 프로그램   SNS 계정이 소셜 봇인지 검증하는 프로그램 — 봇오미터 엑스

SNS에서 소셜 봇이 조작하는 여론에 휘둘리지 않으려면 어떻게 해야 할까요? 무엇보다 활동 중인 계정이 소셜 봇인지 인간 사용자인지 구별하는 것이 중요합니다. 만약 소셜 봇 계정으로 판단된다면, 그 계정의 메시지는 특정 의도를 가지고 있을 가능성이 높기 때문에 좀 더 조심할 수 있으니까요.

'봇오미터 엑스Botometer X'는 엑스 계정의 활동을 분석해 해당 계정이 봇일 가능성을 평가해 주는 사이트입니다. 엑스의 사용자 이름(핸들)으로 검색하면 0~5 사이의 점수가 표시되는데, 점수가 높을수록 봇과 유사한 활동을 보인다는 것을 의미합니다.

> Botometer X 링크: botometer.osome.iu.edu

예를 들어 일론 머스크의 핸들 '@elonmusk'를 검사해 보니 점수가 0이 나왔습니다. 즉 봇일 가능성이 없다는 뜻입니다.

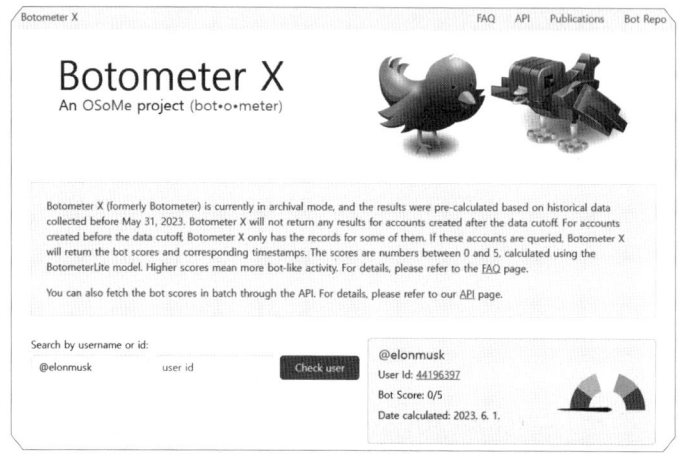

봇오미터 엑스에서 '@elonmusk'를 검색한 모습

이번에는 2016년 미국 대선 당시 소셜 봇 계정일 가능성이 높은 '@trump 2016'을 검사해 보니 2.1점이 나왔습니다. 일론 머스크 계정보다 점수가 훨씬 높습니다.

봇오미터 엑스에서 '@trump2016'을 검색한 모습

엑스는 2023년 7월부터 API(서로 다른 시스템 간의 데이터 교환을 가능하게 하는 도구나 방식) 정책을 변경하면서, 기존의 무료 API를 유료화하고 일부 기능에 대한 접근을 제한했는데요. 이에 따라 봇오미터 엑스 역시 2023년 5월 31일까지의 엑스 데이터만 보유하게 되었습니다. 따라서 2023년 6월 1일 이후에 생성된 엑스 계정은 봇오미터 엑스를 이용한 봇 탐지를 하기 어렵습니다.

사실 봇은 엑스뿐만 아니라 다른 SNS에서도 활발히 활동하고 있는데요. 인터넷 전반에서 활동하는 봇을 탐지할 수 있는 범용 프로그램을 별다른 비용 없이 손쉽게 이용하는 날이 곧 오기를 기대합니다.

> 인사이트

다가오는 선거에서 당선되고 싶은 후보가 있습니다. 당선되기 위해서는 상대 후보보다 더 많은 유권자들이 자신을 지지하도록 만들어야 합니다. 하지만 후보가 유세차에서 "저를 지지해 주세요"라고 외치고, 선거사무원들이 거리에서 꾸벅꾸벅 인사를 한다고 해서 사람들이 지지를 하는 것은 아닙니다. 이런 방식은 후보에 대한 우호적인 여론을 형성하는 데 한계가 있습니다. 왜냐하면 여론은 외부에서 작용하는 힘으로 형성되는 것이 아니라, 일반 시민들 사이에서 자연스럽게 생겨나는 경향이 있기 때문입니다.

오히려 선거사무원이 아닌 일반 시민으로 가장하여 후보를 홍보하는 방식이 더 효과적일 수 있습니다. 선거복을 입고 있을 때는 시민들 입장에서 이들은 '관계자'이지만, 선거복을 벗으면 같은 정체성을 공유하는 '일반인'으로 인식되기 때문입니다.

SNS에서 인간 사용자로 가장하여 메시지를 퍼 나르는 **소셜 봇**은 선거복을 벗고 활동하는 선거사무원과 비슷합니다. 사람들은 이 소셜 봇이 특정 후보나 정당과 관련된 계정으로 생각하지 않기 때문에, 이 봇이 전달하는 메시지를 반복적으로 접하는 사람들은 그 후보가 괜찮다는 생각을 자연스레 갖게 됩니다. 특정 메시지를 유포해 여론을 조작하려는 누군가의 의도가 있지만, 사람들은 이를 인식하지 못한 채 영향을 받는 것이지요.

이쯤 되면 우리가 SNS나 인터넷에서 접하는 정보가 어디까지가 순수한 정보이고, 어디까지가 아닌지 궁금해집니다. 어쩌면 조지 오웰의 소설 '1984'에 등장하는 '빅 브라더'처럼 보이지 않는 곳에서 여러 봇들을 이용해 우리의 생각을 통제하려는 누군가가 있을지도 모릅니다.

⚖️ 처벌 규정

현행 법률은 여론 조작과 관련된 행위에 대해 다음과 같은 규정을 적용합니다.

업무 방해 시

「형법」
제314조(업무방해) 제1항
허위의 사실을 유포하거나 위계 또는 위력으로써 사람의 업무를 방해한 자는 **5년 이하의 징역** 또는 **1천500만원 이하의 벌금**에 처한다.

제314조(업무방해) 제2항
컴퓨터 등 정보처리장치 또는 전자기록등 특수매체기록을 손괴하거나 정보처리장치에 허위의 정보 또는 부정한 명령을 입력하거나 기타 방법으로 정보처리에 장애를 발생하게 하여 사람의 업무를 방해한 자는 **5년 이하의 징역** 또는 **1천500만원 이하의 벌금**에 처한다.

명예 훼손 시

「형법」
제307조(명예훼손) 제2항
공연히 허위의 사실을 적시하여 사람의 명예를 훼손한 자는 **5년 이하의 징역, 10년 이하의 자격정지** 또는 **1천만원 이하의 벌금**에 처한다.

「정보통신망법」
제70조(벌칙) 제2항
사람을 비방할 목적으로 정보통신망을 통하여 공공연하게 거짓의 사실을 드러내어 다른 사람의 명예를 훼손한 자는 **7년 이하의 징역, 10년 이하의 자격정지** 또는 **5천만원 이하의 벌금**에 처한다.

선거기간 중 허위 사실 공표 시

「공직선거법」
제250조(허위사실공표죄) 제1항
당선되거나 되게 할 목적으로 연설, 방송, 신문, 통신, 잡지, 벽보, 선전문서 기타의 방법으로 후보자에게 유리하도록 후보자, 후보자의 배우자 또는 직계존비속이나 형제자매의 출생지, 가족관계, 신분, 직업, 경력등, 재산, 행위, 소속단체, 특정인 또는 특정단체로부터의 지지여부 등에 관하여 허위의 사실을 공표하거나 공표하게 한 자와 허위의 사실을 게재한 선전문서를 배포할 목적으로 소지한 자는 **5년 이하의 징역** 또는 **3천만원 이하의 벌금**에 처한다.

제250조(허위사실공표죄) 제2항
당선되지 못하게 할 목적으로 연설, 방송, 신문, 통신, 잡지, 벽보, 선전문서 기타의 방법으로 후보자에게 불리하도록 후보자, 그의 배우자 또는 직계존비속이나 형제자매에 관하여 허위의 사실을 공표하거나 공표하게 한 자와 허위의 사실을 게재한 선전문서를 배포할 목적으로 소지한 자는 **7년 이하의 징역** 또는 **500만원 이상 3천만원 이하의 벌금**에 처한다.

09
시세 조종

"아무 이유 없이 주가가 오르다가 어느 순간 바닥으로 떨어졌어요"

2023년 4월 24일 SG 증권을 통해 대량으로 주식 매도 물량이 쏟아졌습니다. 그 결과 대성홀딩스, 삼천리 등 8개 종목이 일제히 하한가를 기록했습니다. 이들 종목은 그동안 특별한 호재 없이 주가가 수백 퍼센트 상승했다는 공통점이 있었는데요. 이유 없는 급등 이후 급락, 어떻게 이런 일이 발생한 걸까요?

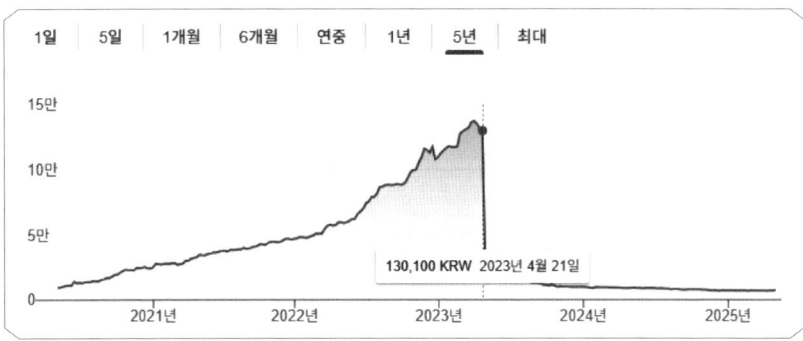

사건 발생 전후 대성홀딩스 주가 차트

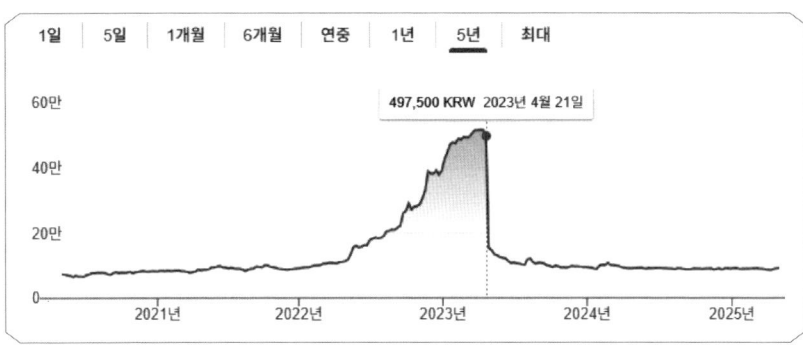

사건 발생 전후 삼천리 주가 차트

이 사건이 있기 전에 투자 컨설팅 회사 대표 라덕연은 저평가된 자산주에 투자한다며 사람들을 모집했습니다. 그는 투자자들의 신뢰를 얻은 뒤, 투자자들의 계좌 비밀번호와 공인인증서를 넘겨받아 이 계좌들을 활용해 주식을 사고팔며 시세를 조종하기 시작했습니다.

라덕연은 투자금으로만 주식을 매수한 게 아니라 보유 주식을 담보로 대출까지 받아 추가로 주식을 매수했습니다. 그리고 이러한 방식은 시세에 인위적인 영향을 줄 수 있는 행위로 이어졌습니다. 그런데 투자한 종목들의 주가가 하락하고 보유 계좌들을 이용한 방어가 실패하면서 담보유지비율(주식을 담보로 증권사에서 돈을 빌릴 때 가격 하락을 대비해 일정 비율 이상의 담보를 유지해야 하는 비율)을 맞추지 못하게 되었습니다. 그리고 SG 증권이 담보로 잡은 주식을 강제로 처분하기 시작하면서 8개 종목이 무더기 하한가를 기록하게 되었지요.

결국 라덕연에게 계좌를 맡긴 투자자들은 원금은 물론이고 적게는 수억 원, 많게는 수십억 원의 빚까지 떠안게 되었습니다. 시세가 인위적으로 조작되고 있다는 사실을 알지 못했던 일반 투자자들 역시 갑작스러운 주가 폭락으로 큰 피해를 입었습니다.[1]

시세 조종에 사용되는 소셜 봇과 자전거래 봇

시세 조종에는 여러 봇이 사용됩니다. 먼저 **소셜 봇**은 특별한 호재가 없는데도 SNS에 허위 정보를 퍼뜨려 마치 좋은 소식이 있는 것처럼 보이게 합니다. 이러한 허위 정보에 노출된 사람들은 곧 가격이 오를 것을 기대해 해당 종목을 매수하기 시작하는 데 이로 인해 주식 가격이 상승합니다. 기업 가치는 변하지 않은 채 단지 정보만 유통되었을 뿐인데 실제로 주가가 변동한 것이지요.

한편 시세 조종에 사용되는 또 다른 봇이 있는데 바로 **자전거래 봇**입니다. 자전거래는 자신이 보유한 주식이나 코인을 스스로에게 매도하고 매수하는 거래를 뜻하는데요. 이러한 작업을 반복해서 수행하는 프로그램이 자전거래 봇입니다.

> **사례 | 청담동 주식 부자 '이희진 형제' 코인 사기 사건**
>
> ### 자전거래 봇을 활용해 코인 가격 부풀리기
>
> 한때 청담동 주식 부자로 유명했던 이희진 씨의 이야기를 들어본 적 있나요? 그는 주식 투자로 수천억 원대의 자산을 이뤘다고 홍보하며 TV 프로그램에도 자주 출연했지만, 결국 주식 사기 혐의로 실형을 선고받았습니다. 그런 그가 출소 후에는 동생과 함께 코인 시장에서 또다시 사기 행각을 벌여 재판에 넘겨졌는데요. 2020년 3월부터 2022년 9월까지 세 개의 코인을 발행해 상장한 뒤 허위·과장 홍보와 시세 조종을 한 혐의를 받고 있습니다.
>
> 코인은 상한가나 하한가 같은 가격 제한이 없어 주식보다 시세 조종의 파급력이 훨씬 큽니다. 또한 주식과 달리 내재가치가 없고 오직 거래 가격에 의해 가치가 결정되므로 시세 조종에 특히 취약하고요.
>
> 내재가치가 없다는 말은 투자자들의 관심을 받지 못하면 거래량이 급격히 줄면서 가치가 0이 될 수도 있다는 뜻이기도 합니다. 그래서 이희진 형제는 코인 가격 폭락을 막고 가격을 상승시키기 위해 자전거래 봇을 이용해 거래량을 부풀렸습니다. 이들은 이러한 방식으로 코인 가격을 최대한 끌어올린 후 매도해 약 897억 원의 부당한 이득을 챙겼습니다.[2,3]

예방 프로그램   컴퓨터와 사람을 구별하는 테스트 프로그램, 캡차

캡차CAPTCHA는 컴퓨터와 사람을 구별하기 위한 테스트 프로그램으로, 사람은 쉽게 풀 수 있지만 봇은 그렇지 못한 방식으로 설계되었습니다. 인터넷을 이용하다가 "신호등이 포함된 모든 이미지를 선택하세요" 또는 "I'm not a robot" 체크 박스를 클릭하라는 요청을 받은 적이 있을 텐데, 이것들이 모두 캡차입니다. 캡차를 사용하면 웹사이트 운영자는 접속자가 사람인지 봇인지 판별할 수 있습니다.

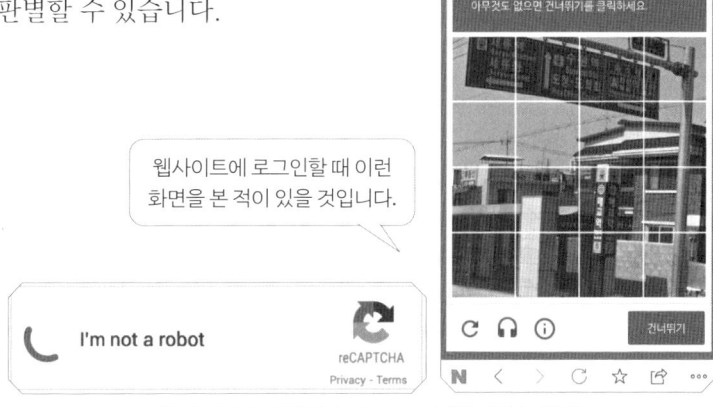

구글의 캡차 화면(왼쪽)과 디스코드의 캡차 화면(오른쪽)

사용자 행동 패턴 분석과 IP 추적

사용자의 행동 패턴을 분석해 지나치게 빠른 페이지 요청이나 일정한 간격으로 반복적인 탐색 패턴이 감지되면 봇으로 판단할 수 있습니다. 또한 과거 봇의 접근이 확인된 IP 주소 정보를 활용하면 의심스러운 접속이 발생했을 때 해당 IP를 추적하고 분석해 봇인지 판별할 수도 있습니다.

> **인사이트**

직장인들이 원하는 궁극적 목표 중 하나는 경제적 자유를 이루는 것이 아닐까요? 언제든 회사를 그만두더라도 생계에 지장이 없을 정도의 자산을 갖춘다면 좀 더 가벼운 마음으로 출근할 수 있고요. 또 정말 하고 싶은 일이 생기면 망설임 없이 퇴사할 수도 있겠지요. 이러한 이유로 많은 사람들이 주식이나 코인과 같은 금융 자산에 관심을 가지고 적극적으로 투자하고 있습니다.

그런데 사람들의 이러한 욕망을 이용해 부당한 이득을 챙기려는 사람들이 있습니다. 그리고 이들은 **소셜 봇**이나 **자전거래 봇**과 같은 AI 기술을 금융 사기 행위에 적극적으로 활용하고 있습니다.

문제는 일반 투자자들은 특정 주식이나 코인이 오르는 이유가 호재가 있어서인지, 아니면 봇이 작동한 결과인지 구별하기 어렵다는 점입니다. 즉 성장 가능성이 있어 사람들이 몰리고 그 결과 가격이 오른 줄 알았는데, 사실은 자전거래 봇의 활동으로 거래가 활발하게 보였던 것일 수도 있습니다.

따라서 한국거래소, 코빗과 같은 금융 자산 거래소들이 다양한 **봇 탐지 기술**을 활용해, 시스템에 접근하는 봇을 감지하고 활동을 차단하는 노력을 적극적으로 해나가야 합니다.

⚖️ 처벌 규정

현행 법률은 금융 자산 시세 조종 시 다음과 같은 규정을 적용합니다.

금융 자산 시세 조정 시

「자본시장법」
제443조(벌칙) 제1항 제5호
상장증권 또는 장내파생상품의 매매를 유인할 목적으로 그 증권 또는 장내파생상품의 매매가 성황을 이루고 있는 듯이 잘못 알게 하거나 그 시세를 변동시키는 매매 또는 그 위탁이나 수탁을 하는 행위를 한 자는 **1년 이상의 유기징역 또는 그 위반행위로 얻은 이익 또는 회피한 손실액의 4배 이상 6배 이하에 상당하는 벌금**에 처한다.

「가상자산이용자보호법」
제19조(벌칙) 제1항 제3호
가상자산의 매매를 유인할 목적으로 매매가 성황을 이루고 있는 듯이 잘못 알게 하거나 그 시세를 변동 또는 고정시키는 매매 또는 그 위탁이나 수탁을 하는 행위를 한 자는 **1년 이상의 유기징역 또는 그 위반행위로 얻은 이익 또는 회피한 손실액의 3배 이상 5배 이하에 상당하는 벌금**에 처한다.

「형법」
제347조(사기) 제1항
사람을 기망하여 재물의 교부를 받거나 재산상의 이익을 취득한 자는 **10년 이하의 징역 또는 2천만원 이하의 벌금**에 처한다.

10
크리덴셜 스터핑

당신의 아이디와 비밀번호, 안전한가요?

2023년 초 G마켓에서 구입한 미사용 상품권이 이미 사용된 것으로 처리되는 도용 피해가 발생했습니다. 같은 해 7월에는 스타벅스 앱 이용자 90여 명의 계정이 해킹되어 충전금 약 800만 원이 부정 결제되는 사건도 있었고요. G마켓과 스타벅스 코리아 측은 이 사건들이 **크리덴셜 스터핑** credential stuffing 공격으로 추정된다고 밝혔습니다.[1,2]

'크리덴셜'은 아이디와 비밀번호 같은 사용자 계정 정보를 의미하고, '스터핑'은 밀어 넣는다는 뜻인데요. 그래서 크리덴셜 스터핑은 유출된 아이디와 비밀번호를 이용해 여러 웹사이트에 무작위로 로그인을 시도하는 공격 방식을 말합니다.

이들 사례에서는 상품권이나 충전금 피해만 발생했지만 크리덴셜 스터핑으로 인해 추가적인 개인정보 유출로 이어질 위험도 큽니다. 다음 사례를 통해 그 심각성을 자세히 살펴보겠습니다.

> **사례 | 대성학원 개인정보 유출 사건**
>
> ### 아이디, 비밀번호 재사용 습관이 초래한 무단 로그인 접속
>
> 2024년 1월 유명 입시학원인 대성학원의 온라인 사이트에서 회원 95,000명의 개인정보가 유출되었습니다. 조사 결과 해당 사이트는 크리덴셜 스터핑 공격과 크로스 사이트 스크립팅 cross-site scripting, XSS 공격을 받은 것으로 밝혀졌습니다. 크로스 사이트 스크립팅은 악성 스크립트를 삽입해 실행하는 해킹 기법입니다.

해커는 다른 곳에서 확보한 아이디와 비밀번호 정보를 이용해 무작위로 로그인을 시도했고, 그 결과 회원 A의 계정에 접속했습니다. 이후 A의 이름으로 불법이용 신고 게시판에 악성 스크립트가 포함된 글을 게시했는데요. 직원 두 명이 이 글을 열람한 뒤 사용 중이던 컴퓨터에서 악성 스크립트가 실행되었고, 결국 이들의 계정 정보가 유출되었습니다. 해커는 이렇게 확보한 직원 계정 정보를 이용해 관리용 시스템에도 접속했는데요. 결국 회원 95,000명의 개인정보까지 유출되었습니다.[3,4]

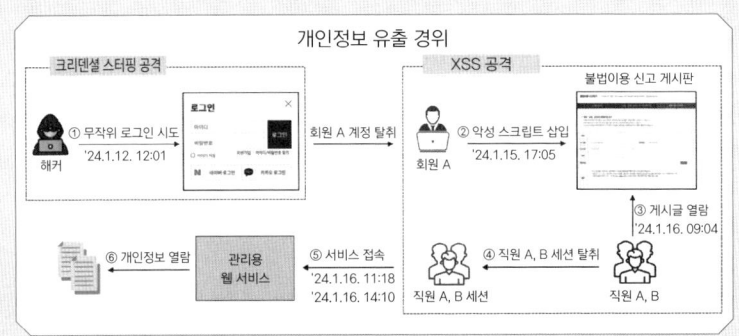

대성학원 회원 개인정보 유출 과정[3]

해커 대신 무작위 로그인 시도를 수행하는 봇

해커들이 크리덴셜 스터핑 공격을 할 때, 확보한 아이디와 비밀번호를 수작업으로 입력하면서 로그인 시도를 할까요? 많은 양의 계정 정보를 가지고 수작업으로 로그인을 시도하는 것은 분명 비효율적입니다. 사실 크리덴셜 스터핑 공격의 성공률은 0.1%로 매우 낮습니다. 즉 1,000번 로그인을 시도해야 한 번 정도 성공할 수 있습니다. 그래서 실제 성공을 거두려면 로그인 시도 횟수를 늘리는 수밖에 없습니다.

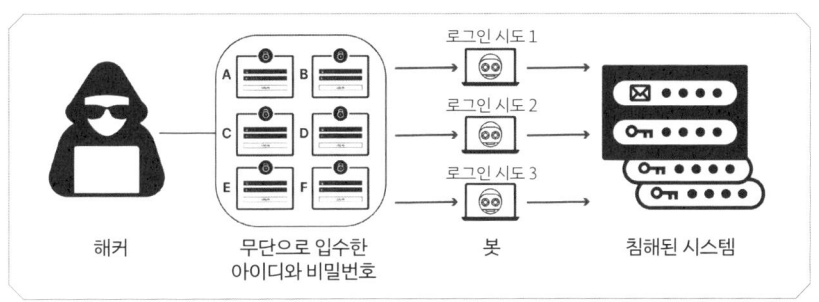

해커들이 봇을 이용해 로그인 공격을 실행하는 과정[5]

이처럼 수많은 로그인 시도가 필요하기 때문에 해커는 반복적인 로그인 시도를 보다 효율적으로 수행하기 위해 봇을 활용해 자동화된 공격을 감행합니다. 물론 많은 웹사이트에서는 로그인에 반복해서 실패하면 해당 IP 주소의 접근을 차단하지만, 최근에는 IP 분산 기법을 활용해 반복적으로 로그인을 시도함으로써 기존의 보안 차단 기능을 무력화하고 있습니다.[5]

비밀번호 변경과 이중 인증 사용 등 기본적인 보안 실천 필요

크리덴셜 스터핑 공격의 피해를 줄이는 방법은 크게 개인이 할 일과 기관이 할 일로 나눌 수 있습니다. 먼저 개인은 사이트마다 고유한 비밀번호를 사용하는 것이 좋습니다. 즉 같은 비밀번호를 여러 사이트에서 사용하지 않는 것이 중요합니다. 하지만 매번 다른 비밀번호를 기억하기 어려울 수 있으므로 비밀번호를 저장하고 관리해 주는 프로그램을 활용하는 것도 좋은 방법입니다.

또한 비밀번호를 정기적으로 변경하는 것도 필요합니다. 이때 단순히 문자나 숫자 하나만 바꾸기보다는 비밀번호 전체를 변경하는 것이 더 효과적입니다. 로그인할 때 휴대전화로 전송된 코드까지 입력해야 하는 이중 인증을 활성화하는 것도 보안을 강화하는 데 도움이 됩니다.

기관은 비밀번호 사용과 관련된 지침을 마련하여 소속 직원을 교육해야 합니다. 기관 차원에서 이를 관리하지 않으면 직원들이 비밀번호를 재사용할 가능성이 크기 때문입니다. 또한 웹사이트에 봇이 접근하는지 면밀히 감시하는 것도 중요합니다. 봇 탐지와 관련된 내용은 09장(시세 조종)을 참고해 주세요.

> **인사이트**

범죄는 한 사람이 단독으로 저지르기도 하지만 여러 사람이 함께 실행하기도 하는데요. 이때 공동으로 범죄를 저지르는 경우 각자 보유한 기술이나 능력에 따라 사전에 역할을 분담합니다. 모든 사람이 정보 수집에 능한 것도 아니고, 모든 사람이 대인관계를 잘 맺는 것도 아니니까요.

크리덴셜 스터핑의 경우 인간은 자동화와 반복에 능한 봇을 이용해 범죄를 저지릅니다. 개인정보는 사람이 확보하더라도 **반복적인 로그인 시도**는 봇이 사람보다 나으니까요.

이처럼 최근에는 인간이 범죄의 모든 과정을 직접 수행하지 않고 일정 부분 자동화된 기술을 이용하면서 범죄가 고도화되고 있습니다. 이러한 상황에 대응하기 위한 적절한 대책이 그 어느 때보다 필요한 때입니다.

처벌 규정

현행 법률은 크리덴셜 스터핑 범죄 발생 시 다음과 같은 규정을 적용합니다.

크리덴셜 스터핑 범죄 발생 시

「정보통신망법」
제70조의2(벌칙)
악성프로그램을 전달 또는 유포하는 자는 **7년 이하의 징역** 또는 **7천만원 이하의 벌금**에 처한다.

제71조(벌칙) 제1항 제11호
정당한 접근권한 없이 또는 허용된 접근권한을 넘어 정보통신망에 침입한 자는 **5년 이하의 징역** 또는 **5천만원 이하의 벌금**에 처한다.

제71조(벌칙) 제1항 제12호
정보통신망의 안정적 운영을 방해할 목적으로 대량의 신호 또는 데이터를 보내거나 부정한 명령을 처리하도록 하는 등의 방법으로 정보통신망에 장애가 발생하게 한 자는 **5년 이하의 징역** 또는 **5천만원 이하의 벌금**에 처한다.

제71조(벌칙) 제1항 제13호
정당한 사유 없이 정보통신망의 정상적인 보호, 인증 절차를 우회하여 정보통신망에 접근할 수 있도록 하는 프로그램이나 기술적 장치 등을 정보통신망 또는 이와 관련된 정보시스템에 설치하거나 이를 전달, 유포한 자는 **5년 이하의 징역** 또는 **5천만원 이하의 벌금**에 처한다.

제71조(벌칙) 제1항 제14호
정보통신망에 의하여 처리, 보관 또는 전송되는 타인의 정보를 훼손하거나 타인의 비밀을 침해, 도용 또는 누설한 자는 **5년 이하의 징역** 또는 **5천만원 이하의 벌금**에 처한다.

「형법」
제314조(업무방해) 제2항
컴퓨터 등 정보처리장치 또는 전자기록등 특수매체기록을 손괴하거나 정보처리장치에 허위의 정보 또는 부정한 명령을 입력하거나 기타 방법으로 정보처리에 장애를 발생하게 하여 사람의 업무를 방해한 자는 **5년 이하의 징역** 또는 **1천500만원 이하의 벌금**에 처한다.

제347조의2(컴퓨터등 사용사기)
컴퓨터등 정보처리장치에 허위의 정보 또는 부정한 명령을 입력하거나 권한 없이 정보를 입력, 변경하여 정보처리를 하게 함으로써 재산상의 이익을 취득하거나 제3자로 하여금 취득하게 한 자는 **10년 이하의 징역** 또는 **2천만원 이하의 벌금**에 처한다.

「개인정보 보호법」
제72조(벌칙) 제2호
거짓이나 그 밖의 부정한 수단이나 방법으로 개인정보를 취득하거나 개인정보 처리에 관한 동의를 받는 행위를 한 자 및 그 사정을 알면서도 영리 또는 부정한 목적으로 개인정보를 제공받은 자는 **3년 이하의 징역** 또는 **3천만원 이하의 벌금**에 처한다.

11

온라인 쇼핑 사기

"이렇게 똑같은데 가짜 쇼핑몰이라고요?"

요즘 사람들은 온라인 쇼핑몰에서 물건을 많이 구매합니다. 직접 마트에 가지 않아도 온라인 주문만 하면 문 앞까지, 그것도 매우 빠르게 배송해 주니 무척 편리합니다. 많은 사람이 이용하는 쇼핑몰 가운데 하나가 SSG.COM인데요. 공식 도메인 주소는 https://emart.ssg.com입니다. 그런데 https://emarteshops.com 주소를 보세요. 'emart'라는 단어가 포함되어 이마트 공식 사이트로 착각하기 쉽습니다. 하지만 이 주소는 SSG.COM 쇼핑몰을 사칭한 사이트입니다. 이곳에서 물건을 구매하면 결제 금액을 그대로 잃게 되지요.

공식 쇼핑몰 화면[1]

사칭 쇼핑몰 화면[1]

정상 온라인 쇼핑몰	사칭 온라인 쇼핑몰(현재는 접속 불가)
https://emart.ssg.com	https://emarteshops.com
https://www.lotteon.com	https://lotteon-es.com
https://www.etlandmall.co.kr	https://et-land.com
https://www.hmall.com	https://hmall-online.store
https://www.skstoa.com	https://skstoalog.com

정상 온라인 쇼핑몰 도메인 주소와 사칭 쇼핑몰 도메인 주소 비교[1]

가짜 온라인 쇼핑몰에서 사기당하는 과정

온라인 쇼핑 사기에는 여러 유형이 있지만, 그중 하나가 소비자를 사칭 사이트로 유도하는 방식입니다. 구체적인 진행 과정을 살펴보겠습니다.

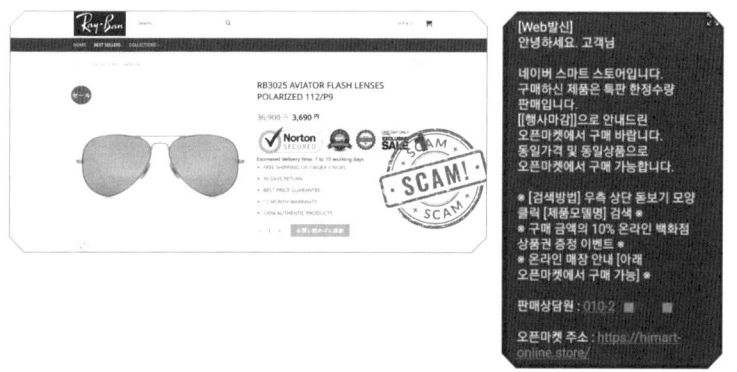

AhnLab에서 제작한 가짜 쇼핑몰 사례 이미지(왼쪽)[1], 가짜 쇼핑몰로 유도하는 피싱 문자(오른쪽)[2]

먼저 사기범은 공식 온라인 쇼핑몰에 가짜 광고를 게시합니다. 매력적인 제품을 저렴한 가격에 제시해 소비자들의 관심을 끕니다. 이후 관심을 보이는 소비자가 나타나면 사기범은 공식 사이트의 보안 감시를 피하기 위해 텔레그램과 같은 외부 채널로 소비자를 유도합니다. 공식 사이트에는 불법 거래를 감시하는 기능이 있어 피싱 링크를 보내기 어려울 수 있기 때문입니다.

이후 소비자가 제공한 이름이나 연락처, 주소 등의 개인정보를 활용해 피싱 페이지를 제작하고 그 링크를 소비자에게 전송합니다. 이 페이지는 다양한 웹사이트의 결제 페이지를 모방해서 만들었기 때문에 접속한 소비자가 보기에는 문제가 없어 보입니다. 그리고 소비자가 결제 정보를 입력하는 순간 금액은 그대로 사기범에게 넘어갑니다.

이 과정에서 피싱 페이지를 생성하고 해당 링크를 소비자에게 전송하는 작업은 대부분 봇이 담당하는데요. 상품 구매 과정이 지연되거나 부자연스러우면 소비자가 의심할 수 있으므로 봇은 주어진 작업을 매우 빠르게 수행하여 전체 구매 과정이 자연스럽게 진행되도록 합니다.[3]

이러한 온라인 쇼핑 사기는 사기범이 매력적인 상품과 가격을 제시하는 것에서 시작됩니다. 따라서 상품이 너무 좋아 보이는데 가격이 터무니없이 저렴하다면 한 번쯤 의심해 보아야 합니다. 또한 사기범은 소비자를 공식 온라인 쇼핑몰이 아닌 다른 플랫폼으로 유도하므로 상대방이 대화 채널 변경을 요청할 경우 각별한 주의가 필요합니다. 한편 상품 구매 과정에서 무엇인가 의심스러울 때 상대방이 제공하는 사이트가 사기 사이트인지 확인하는 것도 중요합니다.

사례 | 과일 업체 과장·허위 광고 사건

정○○이 직접 재배와 수확을 합니다

2024년 11월 네이버 스마트스토어에 입점한 한 과일 업체가 아주 먹음직스러운 샤인머스캣을 들고 있는 농부의 사진을 올렸습니다. 김천시에서 개최한 샤인머스캣 품평회에서 대상을 받은 증서도 함께 게재했지요. 그런데 이 사진은 AI로 생성된 합성 이미지였고, 수상 이력 또한 허위였습니다.

해당 상품은 리뷰가 900개 이상 달릴 만큼 많이 판매되었지만, 허위 광고 논란이 제기되자 네이버 스마트스토어는 상품의 판매를 중지시켰습니다.[4]

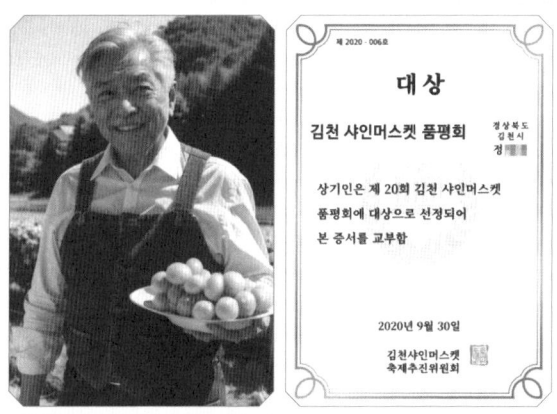

한 과일 업체가 AI를 이용해 만든 이미지(왼쪽), 허위 수상 이력 증서(오른쪽)[4]

사실 AI를 활용해 이미지를 만드는 것 자체가 잘못된 것은 아닙니다. 우리도 여러 도구들을 이용해 사진을 찍고 편집하듯이 말이지요. 문제는 그렇게 생성된 이미지가 사실을 왜곡하거나 과장해 소비자를 속이는 데 쓰일 때입니다. 이런 경우 관련 법을 위반해 처벌을 받을 수 있습니다.

> **인사이트**

유통과 상거래가 발달한 대도시에서는 이제 찾아보기 어렵지만 지금도 전국 각지에서는 오일장이 열리고 있습니다. 평소 한산했던 시장터도 오일장이 서면 북적북적해집니다. 직접 물건을 만져보고 구매할 수 있고, 상인과 흥정할 수 있는 게 이러한 시장의 장점이지요.

코로나19를 겪으면서 사람들은 비대면 거래에 익숙해졌습니다. 택배 서비스를 이용해 물건을 사거나, '배달의민족'과 같은 앱을 통해 음식을 주문하는 문화가 더욱 확산되었습니다. 특히 우리나라는 인터넷과 IT 기술이 발달해 온라인 쇼핑을 하는 데 더할 나위 없이 좋은 환경이기도 하고요.

앞으로도 AI 기술을 활용한 **온라인 쇼핑 사기**는 더욱 교묘해질 것으로 보입니다. AI 기술이 접목된 온라인 쇼핑 사기 피해를 예방하기 위해 지금부터 **기술적, 제도적** 측면에서 차근차근 준비해 나가야 합니다.

⚖️ 처벌 규정

현행 법률은 온라인 쇼핑 사기 시 다음과 같은 규정을 적용합니다.

「표시광고법」
제17조(벌칙) 제1호
거짓, 과장의 표시 광고, 기만적인 표시 광고를 하여 소비자를 속이거나 소비자로 하여금 잘못 알게 할 우려가 있는 행위를 한 자는 **2년 이하의 징역** 또는 **1억5천만원 이하의 벌금**에 처한다.

「전자상거래법」
제45조(과태료) 제3항 제2호
거짓 또는 과장된 사실을 알리거나 기만적 방법을 사용하여 소비자를 유인 또는 소비자와 거래하거나 청약철회등 또는 계약의 해지를 방해하는 행위를 한 자에게는 **1천만원 이하의 과태료**를 부과한다.

「형법」
제347조(사기) 제1항
사람을 기망하여 재물의 교부를 받거나 재산상의 이익을 취득한 자는 **10년 이하의 징역** 또는 **2천만원 이하의 벌금**에 처한다.

5부

자율주행 기계

12 마약 운반
13 인명 살상

자율주행 기술의 명과 암

명절 때 장시간 운전하며 고향에 갈 때마다 차가 스스로 주행하면 얼마나 좋을까 하는 생각을 합니다. 현재 관련 기술이 빠르게 발전하고 있어 머지않아 운전자의 개입 없이 달리는 자동차를 쉽게 볼 수 있을 것 같습니다. 한편 자동차뿐만 아니라 드론, 선박 등 자율주행 기술이 적용되고 있는 기계의 종류는 점점 다양해지고 있는데요. 이러한 기계들이 상용화된다면 우리의 삶도 크게 달라질 것입니다. 그런데 자율주행 기계는 편리함과 함께 새로운 문제도 안겨 줍니다. 그중 하나가 자율주행 기계가 사고를 일으켰을 때 책임 소재를 어떻게 규명할 것인가 하는 점입니다.

예를 들어 자율주행차가 과속으로 달리다가 보행자를 치어 사망사고가 발생했다고 가정해 봅시다. 일반 차량이라면 운전자가 차량을 직접 통제하므로 운전자에게 책임을 묻습니다. 이때 차량에 결함이 있었고 그 결함이 사고의 원인 중 하나였다면 제조사도 일정 부분 책임을 져야 합니다. 하지만 인간 운전자가 개입하지 않고 운행할 수 있는 수준의 자율주행차가 일으킨 사고라면 이야기가 달라집니다.

먼저 운전자가 운행에 전혀 개입하지 않고 단순히 차량에 탑승만 했다면 운전자에게 책임을 묻기는 어렵습니다. 사고 발생과 운전자의 행위 사이에 인과관계가 성립하지 않기 때문입니다. 일부에서는 운전자에게 책임을 물을 수 없다면 차량 결함을 근거로 제조사에 책임을 물어야 한다고 주장합니다. 그런데 만약 제조사가 차량 출고 당시 결함이 없었다는 것과 자율주행 시스템이 독자적으로 판단해 주행했다는 점을 입증한다면, 책임 소재를 가리는 일은 더욱 복잡해집니다. 운전자도, 제조사도 책임이 없는 상황에서 남은 것은 이제 자율주행차입니다. 그런데

AI 기술로 움직이는 자율주행차에 형사 책임을 부과할 수 있는지에 대한 논쟁은 여전히 계속되고 있습니다.

일각에서는 기업이 법인격을 부여받아 형사 처벌을 받을 수 있는 것처럼, AI에게도 법인격을 부여해 민형사상 책임을 지게 해야 한다고 주장합니다. 반면에 AI가 법인격을 가질 만큼 자율적인 사고 능력을 갖추었는지 의문을 제기하는 시각도 있습니다. 여기서 AI에게 벌금을 부과하더라도 이를 납부할 수 없고 AI를 감옥에 보낼 수도 없는 등 실질적인 처벌 수단이 없다는 점도 문제로 남습니다.

이처럼 자율주행 기술은 과거에는 예상하지 못했던 새로운 법적·윤리적 문제를 야기하고 있는데요. 좀 더 자세히 살펴보겠습니다.

12
마약 운반

"드론이 마약을 싣고 교도소 담장을 넘었습니다"

인도와 파키스탄은 국경을 접하고 있는 두 국가입니다. 인도 국경경비대에 따르면 2023년 한 해 동안 인도의 펀자브 주에서만 파키스탄에서 넘어오는 드론 90여 대를 요격했다고 합니다. 그런데 격추된 드론을 살펴보니 아프가니스탄에서 생산된 것으로 추정되는 아편이나 헤로인이 작은 봉지나 콜라병 등에 담겨 부착되어 있었습니다.[1]

2024년 2월에는 미국 웨스트버지니아주 연방 교도소에 드론을 이용해 마약이 전달된 사건도 있었는데요.[2] 드론 기술이 꾸준히 발전하면서 이제는 소음 없이 비행할 수 있게 되었고, 가격 또한 낮아져서 앞으로 드론을 이용한 마약 운반은 더욱 빈번해질 것으로 예상됩니다.

자율비행 드론이 과연 의약품만 운반할까?

집라인^{Zipline}은 드론을 이용한 물품 배송 전문 기업으로 요식업, 헬스케어 등 여러 분야의 기업들과 파트너십을 맺고 있습니다. 집라인의 플랫폼 1 드론은 기업이나 정부 기관에 물품을 배송하는 용도로 제작되었고, 플랫폼 2는 각 가정에 물품을 배송하는 용도로 설계되었습니다.

플랫폼 2의 사양을 보면 지상 300ft(약 91.4m) 이상의 고공에서 시속 70mile(약 112km)의 속도로 이동할 수 있고요. 드론이 직접 지상으로 내려오는 것이 아니라 목적지 상공에서 소형 로봇인 드로이드^{droid}가 줄을 타고 내려와 물품을 전달합니다. 특히 플랫폼 2에는 DAA$^{detect\ and}$

avoid라는 기술이 장착되어 있어 인간의 조종 없이 자율비행을 하면서 사물을 탐지하고 충돌을 피할 수 있습니다.³

플랫폼 2에서 드로이드가 내려오는 모습(왼쪽),
플랫폼 2의 드로이드가 가정에 물품을 배송하는 모습(오른쪽)⁴

의료 기업인 메이요 클리닉Mayo Clinic은 2025년부터 집라인의 플랫폼 2를 사용해 각 가정에 의약품을 공급할 계획인데요. 이 서비스를 이용하면 거동이 불편한 환자가 급히 약이 필요할 때 병원이나 약국을 직접 방문하지 않고도 신속하게 의약품을 받을 수 있습니다. 메이요 클리닉뿐만 아니라 자율비행 드론을 사업에 이용하는 의료 기업들은 계속해서 늘어날 전망입니다.⁵,⁶

그런데 자율비행 드론으로 의약품을 운반하는 일이 보편화된다면, 이러한 드론을 악용해 마약을 유통하는 사례도 생기지 않을까요? 의약품과 마약은 크기나 부피 또는 모양이 비슷해 겉모습만 봐서는 구분하기 어려우니까요.

무엇보다 자율비행 드론은 사람의 조종 없이도 장거리 비행이 가능하기 때문에, 범죄에 이용될 경우 단속이나 추적이 어렵습니다. 설령 범죄에 이용된 자율비행 드론을 확보하더라도 사람의 조종 흔적이 없기 때문에 배후를 추적하기가 쉽지 않습니다. 이 같은 특성 때문에 자율비행 드론은 추적을 피하고 먼 거리까지 마약을 운반하는 새로운 수단으로 악용될 위험이 큽니다.

우범지대를 드론 비행 금지 구역으로 설정하기

자율비행 드론을 이용한 마약 유통 범죄를 어떻게 막을 수 있을까요?
   한 가지 방법은 마약 운반이 우려되는 지역을 드론 비행 금지 구역으로 지정하는 것입니다. 그동안 미국 교도소에서 발생한 마약 밀반입 사례와 유사한 사건이 영국에서도 계속 발생해 왔는데요. 그래서 잉글랜드와 웨일스는 마약을 비롯한 밀수품이 교도소와 청소년 수감 시설에 반입되는 것을 막기 위해 해당 시설 400m 이내에서 드론 비행을 금지하고, 드론 조종자를 처벌하는 법안을 만들어 2024년 1월부터 시행하고 있습니다.[7,8]

경찰 드론을 활용한 공중 감시

또 다른 방법은 경찰 드론을 활용해 마약 운반 드론을 단속하는 것입니다. 우리나라에서는 2020년 6월에 처음으로 경찰 드론을 실종자 수색과 인명구조에 활용했는데요.[9] 2024년 3월에는 '경찰 무인비행장치 운용

규칙'을 개정하면서 교통법규 위반 단속이나 범죄 예방을 위한 순찰에도 드론을 운용할 수 있도록 범위가 확대되었습니다.

  물론 이 순찰은 지상에서 발생할 우려가 있는 범죄를 예방한 활동이지만, 마약을 실은 드론이 계속해서 늘어난다면 경찰도 공중에서 일어나는 범죄에 적극 대응할 것입니다.

인사이트

UN은 인구 10만 명당 마약사범 수 20명 미만을 마약청정국의 기준으로 정하고 있습니다. 한때 우리나라도 마약청정국으로 불렸지만 이제는 그렇지 못합니다.

우리나라의 마약사범 수는 계속 증가하는 추세인데 이는 국내에 유통되는 마약이 늘어나고 있기 때문입니다. 즉 마약이 많아질수록 이를 소지하거나 운반, 매매하거나 알선하는 사람 또한 증가할 수밖에 없는 것이지요. 그래서 법무부를 비롯한 수사당국은 국내로 마약이 유입되지 않도록 많은 노력을 기울이고 있습니다.

그런데 각종 기상천외한 방법으로 밀반입을 시도해도 세관에 적발되자, 밀수업자들은 아예 세관을 거치지 않고 마약을 유통하는 방법을 시도하고 있습니다. 즉 하늘길에는 단속이 이루어지지 않기 때문에 드론을 띄워 마약을 운반하는 것입니다. 특히 일반 드론보다 사람의 조종이 필요 없는 **자율비행 드론**은 더욱 심각한 위협이 되고 있습니다. 수사당국은 사태가 심각해지기 전에 이러한 위험성을 인식하고 선제적으로 대비해 나가야 합니다.

⚖️ 처벌 규정

현행 법률은 마약과 관련한 위법 행위 발생 시 다음과 같은 규정을 적용합니다.

마약과 관련한 위법 행위 발생 시

「마약류관리법」
제4조(마약류취급자가 아닌 자의 마약류 취급 금지) 제1항 제1호
마약류취급자가 아니면 마약 또는 향정신성의약품을 소지, 소유, 사용, 운반, 관리, 수입, 수출, 제조, 조제, 투약, 수수, 매매, 매매의 알선 또는 제공하는 행위를 하여서는 안된다.

제58조(벌칙) 제1항 제1호
제4조 제1항 등을 위반하여 마약류취급자가 아닌 자가 마약을 수출입, 제조, 매매하거나 매매를 알선하거나 그러할 목적으로 소지, 소유한 경우 **무기** 또는 **5년 이상의 징역**에 처한다.

13
인명 살상

"드론이 적군의 탱크, 수송차를 식별해 공격합니다"

2022년 2월 러시아의 우크라이나 침공으로 시작된 '러시아-우크라이나' 전쟁에서 우크라이나는 '세이커 스카우트Saker Scout'라는 드론을 사용했습니다. 이 드론은 AI 기술을 기반으로 러시아의 탱크와 수송차 등 64종의 군사 물체를 스스로 탐지, 식별한 뒤 공격합니다.¹ 자율비행 드론이 실제 전쟁에서 사용된 것이지요.

러시아-우크라이나 전쟁에 사용된 '세이커 스카우트' 드론¹

군에서 주목받는 자율주행 기계

우크라이나 전쟁 사례에서 알 수 있듯이, 자율주행 기술을 가장 선호하는 집단은 아마도 군일 것입니다. 전쟁에서는 아군의 피해를 최소화하면서 적군에게 최대한의 피해를 주는 것이 중요한데, 자율주행 기계는 조종자가 탑승할 필요가 없어 전투 중 아군 피해를 줄일 수 있고, 적지 깊숙이 침투해 작전을 수행할 수 있어 적군에게 더 큰 피해를 입힐 수 있기 때문입니다.

자율비행 드론뿐만 아니라 다른 자율주행 기계도 속속 개발되어 군에서 사용하고 있습니다. 2023년 12월 미 해군은 보잉사로부터 초대형 무인 자율주행 잠수함인 오르카Orca를 인계 받았습니다. 이 잠수함의 길이는 약 26m로, 디젤 전기 시스템을 사용해 6,000NM(약 11,112km)까지 항해할 수 있습니다. 오르카는 미래에 수중에서 발생할 전쟁을 대비하면서 정보 수집을 비롯한 다양한 작전을 수행하기 위해 개발되었습니다.[2]

자율주행 잠수함 '오르카'의 모습[2]

미국 고스트로보틱스에서 개발한 비전 60$^{Vision\ 60}$은 자율주행이 가능한 로봇 개입니다. 정찰, 순찰, 물자 수송 등 군사 임무에서 높은 기대를 받고 있으며 현재 미군에서는 정찰 카메라, 지뢰 탐지용 센서, 기관총 등을 탑재해 운용 중입니다.

자율주행 로봇 개 비전 60의 모습[3]

수사에 어려움을 주는 자율주행 기계 관련 범죄

전쟁이 없는 사회가 가장 이상적이지만 국제 사회의 현실은 그렇지 않습니다. 따라서 각국의 군대는 최신 기술을 개발하면서 발생할 수 있는 전쟁을 대비합니다. 자율주행 기계를 도입하는 것도 이러한 노력의 일환입니다.

하지만 완벽한 기술은 존재하지 않습니다. AI 기술이 탑재된 드론, 잠수함, 로봇 개가 전쟁 중 정확히 적군과 적 시설만을 타격할 것으로 장담할 수 있을까요? 전쟁 중 어느 정도의 민간인 피해는 불가피하지만, 운용 중인 자율주행 기계가 아직 적군과 민간인을 제대로 구별하지 못하는 상태에서 사용된다면 전쟁법을 위반한 것으로 간주될 수도 있습니다.

또한 자율주행 기계가 전쟁이 아닌 평시 상황에서 사람을 죽이거나 다치게 한다면 살인죄, 상해죄, 폭행죄 등 다양한 범죄로 이어질 수 있습니다.

문제는 자율주행 기계로 인한 인명 피해 범죄가 발생할 경우 현장에는 기계가 남긴 흔적만 있을 뿐 사람의 흔적은 남아 있지 않다는 것입니다. 용의자의 머리카락이나 신발자국이 없는 상태에서 자율주행차나 자율비행 드론이 남긴 파편만으로는 누가 범죄를 기획하고 의도했는지 찾아내기가 쉽지 않습니다.

자율주행 기계가 테러에 악용될 위험성

자율주행 기계가 초래할 큰 위협 가운데 하나는 테러 단체에 의해 악용되는 것입니다. 2001년 미국에서 발생한 9.11 테러에서 볼 수 있듯이 테러 조직들은 대규모 인명 피해를 일으키기 위해 차량이나 비행기와 같은 도구를 사용합니다. 그런데 만약 자율주행 기계를 사용할 수 있다면 어떨까요? 자율주행 기계를 원격 조종해 조직원의 피해 없이 범행할 수 있어 테러를 일으킬 위험이 높아집니다.

게다가 자율주행 시스템은 인터넷을 통해 다른 기계나 컴퓨터 시스템과 연결되어 있어 해킹에 취약하다는 점도 테러 단체가 주목하는 부분입니다. 다음 그림에서 보듯이 테러 단체가 수십 대의 자율주행차를 동시에 해킹해 범죄에 악용할 수도 있습니다.

테러 단체가 자율주행차를 해킹해 테러에 이용할 수 있음을 나타낸 일러스트[4]

자율주행 기계의 '사물 식별 기술' 향상하기

그럼 이러한 범죄가 발생하지 않도록 우리는 어떤 대비를 해야 할까요? 먼저 전쟁 시 자율주행 무기가 민간인을 적군으로 오인하지 않도록 식별 기술을 고도화하는 것이 중요합니다. 자율주행 기술을 개발하는 기업이나 연구단체는 AI의 사물 식별 능력을 향상하도록 노력해야 하고, 각국 정부도 자국 군대에서 운용하는 자율주행 기계의 사물 식별 능력을 평가하고 점검하는 체제를 마련해야 합니다.

기계 장치별 사이버보안 기준 확립 필요

다음으로 테러 단체가 자율주행 기계를 해킹해 테러에 이용하는 것을 막아야 합니다. 해킹 위협에 대비하기 위해서는 무엇보다 사이버 보안 기준이 수립되어야 합니다. 기준이 마련되어야 관련 기술을 개발할 수 있고, 그 기술을 적용해 실제 위험에 대비할 수 있기 때문입니다. 따라서 차량, 로봇개, 드론 등 여러 기계별로 사이버보안 기준을 우선 수립해야 합니다. 차량의 경우 '유

국토교통부에서 발행한 '자동차 사이버보안 가이드라인'

엔 유럽경제위원회 자동차 국제기준 회의체$^{UNECE\ WP.29}$'에서 자동차 사이버 보안에 관한 최초의 국제 기준을 수립했습니다. 우리나라도 이 국제 기준을 토대로 '자동차 사이버보안 가이드라인'을 마련했는데요. 자동차뿐만 아니라 다른 자율주행 기계에도 속속 사이버 보안 기준이 마련될 필요가 있습니다.

> **인사이트**
>
> 엔비디아 CEO 젠슨 황은 'CES 2025' 기조연설에서 AI가 휴머노이드 로봇에 접목된 형태인 **물리적 AI**$^{physical\ AI}$ 시대가 도래했다고 밝혔습니다. 즉 AI가 점점 인간을 닮은 형태로 고도화되고 있다는 뜻입니다.
>
> AI가 단순한 프로그램이나 시스템이 아니라 실체를 가진 로봇으로 변화한다면, 생성형 AI 이후 또 한 번 우리의 일상이 크게 변화할 것입니다. 공상과학 영화에서 보던 것처럼 로봇이 우리 삶 깊숙이 자리 잡고, 인간과 대화하며 감정을 공유하는 시대가 머지않은 것 같습니다.
>
> 하지만 **'인명 살상'**이라는 관점에서 보면 살인이나 상해와 같은 범죄가 성행할 위험도 있습니다. 물리적 AI는 물리적 환경에 직접 영향력을 행사할 수 있기 때문입니다. 아직까지 AI 범죄는 'AI를 이용한 인간의 범죄'를 의미합니다. 그러나 향후 물리적 AI가 일상화되고 고도의 자율성을 갖추게 되면 'AI가 직접 저지르는 범죄'라는 개념으로 확장될 수도 있습니다. 물론 그전에 AI가 인간 수준의 지능을 갖추는 것이 전제되어야 하겠지만요.
>
> 아직까지 범죄의 주체는 '인간'으로 제한되어 있지만, 조금씩 AI까지 그 범위를 확대하는 논의를 해나가야 하지 않을까 생각합니다.

처벌 규정

현행 법률은 인명 살상 시 다음과 같은 규정을 적용합니다.

인명 살상 시

「형법」
제250조(살인) 제1항
사람을 살해한 자는 **사형, 무기** 또는 **5년 이상의 징역**에 처한다.

제257조(상해) 제1항
사람의 신체를 상해한 자는 **7년 이하의 징역, 10년 이하의 자격정지** 또는 **1천만원 이하의 벌금**에 처한다.

부록 1

AI 용어 사전

인공지능(AI)

인간의 지능을 모방하여 인위적으로 만든 지능을 의미합니다. 일반적으로 지능은 사고력, 이해력, 인지력 등을 뜻하지만, 인공지능과 관련해서는 연산 능력, 학습 능력, 분석력 등으로 그 개념이 확장됩니다.

AI 윤리

인공지능을 개발하고 활용하는 과정에서 지켜야 할 기준과 원칙을 말합니다. 주요 원칙으로 AI는 차별을 조장하지 않아야 하며(공정성), 문제가 발생할 때 책임 소재가 명확해야 하고(책임성), 주어진 데이터를 분석해 판단을 내리는 과정이 이해할 수 있고 설명할 수 있어야 합니다(투명성). AI를 활용하는 과정에서 개인 데이터는 안전하게 보호되어야 하며(프라이버시 보호), 예측할 수 없는 위협을 초래하지 않도록 설계되어야 하고(안전성), 인간의 존엄성과 권리를 침해하지 않아야 합니다(인간 중심성).

AI 범죄

인공지능 기술을 활용해 이루어지는 범죄를 의미합니다. 지금은 사람이 저지르는 범죄를 뜻하지만, 앞으로 인공지능이 더욱 발전하여 인간의 지능 수준에 도달한다면 AI가 저지르는 범죄까지 포함하는 개념으로 확장될 수 있습니다.

생성형 AI

데이터를 학습한 후 이를 바탕으로 새로운 콘텐츠를 생성하는 인공지능 시스템을 말합니다. 기존의 AI가 주어진 문제를 해결하거나 특정 작업을 자동화하는 데 주로 사용되었다면, 생성형 AI는 창의적인 결과물을 만드는 데 초점을 맞춥니다. 텍스트, 이미지, 음악, 음성 등 다양한 형태의 콘텐츠를 생성하는 데 활용됩니다.

LLM

Large Language Model^{대규모 언어 모델}의 약자로, 자연어 처리 기술을 기반으로 대량의 텍스트 데이터를 학습하여 사람과 유사한 방식으로 언어를 이해하고 생성하는 AI 시스템입니다. LLM은 질문에 답을 생성하거나 텍스트를 요약·번역하는 등 다양한 작업을 수행합니다. 대표적인 예로 챗GPT가 있습니다.

딥페이크^{deepfake}

딥러닝^{deep learning}과 가짜^{fake}의 합성어로 인공지능을 이용해 이미지나 영상, 목소리 등을 합성하는 기술 또는 그 결과물을 의미합니다. 특수 효과 제작, 디지털 복원 등 긍정적으로 사용할 수도 있지만 명예훼손이나 성범죄, 금융 사기 등 다양한 범죄를 초래할 수도 있습니다.

봇^{bot}

로봇^{robot}에서 유래한 단어로 사람의 개입 없이 특정 작업을 자동으로 수행하는 프로그램을 의미합니다. 대표적인 예로 챗봇이 있습니다.

자율주행 기술

인공지능, 머신러닝, 레이더, 카메라, GPS, 센서 등을 활용해 주변 환경을 실시간으로 분석하고, 이를 바탕으로 차량이나 드론 등이 운전자의 개입 없이 독립적으로 주행하는 기술을 의미합니다.

> 부록 2

인공지능기본법

인공지능 발전과 신뢰 기반 조성 등에 관한 기본법 (약칭: 인공지능기본법)
[시행 2026. 1. 22.] [법률 제20676호, 2025. 1. 21., 제정]

▶ 법조문의 전문은 법제처 사이트(www.law.go.kr/LSW)에서 확인할 수 있습니다.

[주요 내용]
1. '고영향 인공지능', '생성형 인공지능' 개념 정의(제2조 제4호, 제5호)
  - 고영향 인공지능: 사람의 생명, 신체의 안전, 기본권에 중대한 영향을 미치거나 위험을 초래할 우려가 있는 인공지능시스템
  - 생성형 인공지능: 입력한 데이터의 구조와 특성을 모방하여 글, 소리, 그림, 영상, 그 밖의 다양한 결과물을 생성하는 인공지능시스템

2. 인공지능 기본계획 수립(제6조)
  - 정부는 인공지능기술과 인공지능산업의 진흥, 국가경쟁력 강화를 위해 3년마다 인공지능 기본계획을 수립하여야 합니다.
  - 기본계획에는 인공지능 정책의 기본방향과 전략, 전문인력의 양성, 인공지능산업 진흥을 위한 재원의 확보 및 투자의 방향 등에 관한 내용을 포함해야 합니다.

3. 국가인공지능위원회 운영(제7조)
  - 인공지능에 관한 주요 사항을 심의, 의결하기 위해 대통령을 위원장으로 하는 국가인공지능위원회를 운영합니다.
  - 위원회는 인공지능 정책, 연구개발 전략, 투자 전략, 규제 발굴 및 개선, 인프라 확충 방안 등의 사항을 심의, 의결합니다.

4. 인공지능 윤리원칙 제정(제27조)
   - 인공지능의 개발 및 활용 과정에서 사람의 생명, 신체, 정신적 건강 등에 해를 끼치지 않도록 하고, 인공지능 기술이 적용된 제품과 서비스를 모든 사람이 자유롭고 편리하게 이용할 수 있도록 하는 내용을 포함하는 인공지능 윤리 원칙을 제정, 공표할 수 있습니다.

5. 인공지능 활용 사실 고지 의무화(제31조)
   - 인공지능사업자는 고영향 인공지능이나 생성형 인공지능을 이용한 제품 또는 서비스를 제공하는 경우 제품 또는 서비스가 해당 인공지능에 기반하여 운용된다는 사실을 이용자에게 사전에 고지하여야 합니다.
   - 인공지능사업자는 생성형 인공지능 또는 이를 이용한 제품 또는 서비스를 제공하는 경우 그 결과물이 생성형 인공지능에 의하여 생성되었다는 사실을 표시하여야 합니다.
   - 인공지능사업자는 인공지능시스템을 이용하여 실제와 구분하기 어려운 가상의 음향, 이미지 또는 영상 등의 결과물을 제공하는 경우 해당 결과물이 인공지능시스템에 의하여 생성되었다는 사실을 이용자가 명확하게 인식할 수 있는 방식으로 고지 또는 표시하여야 합니다.

6. 주요 위반행위 과태료 부과(제43조)
   - 인공지능사업자가 제공하는 제품 또는 서비스가 인공지능 기반으로 운용된다는 사실을 이용자에게 사전에 고지하지 않거나, 이 법을 위반한 행위로 인해 과학기술정보통신부장관의 중지명령 또는 시정명령을 받고도 따르지 않을 경우 3천만 원 이하의 과태료가 부과됩니다.

(인사이트)

인공지능기본법은 인공지능 기술 개발, 인공지능 기반 제품 및 서비스 제공, 인공지능 산업 발전을 위한 국가 차원의 지원 정책 등을 규정하고 있어, 이 법이 시행되면 국내 인공지능 전반의 수준이 한층 향상될 것으로 전망됩니다.

특히 **인공지능 생성물 표시를 의무화**함으로써, 로맨스 스캠을 비롯해 딥페이크를 이용한 각종 사기 범죄를 예방하는 데 도움이 될 것으로 보입니다.

반면 유럽연합의 인공지능법이 인공지능 모델이 학습에 사용한 데이터의 출처 공개를 의무화한 것과 달리 이 법에는 이러한 내용이 포함되어 있지 않아 인공지능 모델로 인한 **저작권 침해 문제**는 계속해서 남아 있을 것으로 예상됩니다.

> 미주

1장

1 박찬근, 「'AI 창작물, 저작료 못 줘'…국내 AI 저작권 갈등 점화 (D리포트)」, SBS 뉴스, 2022.10.14.
2 심나리, 「[미국] 아티스트 3인, 이미지 생성 시의 저작권 침해를 주장하며 소송 제기」, 한국저작권위원회, 2023년 제2호, 2023.04.20.
3 류시원, 「[미국] Concord Music Group et al v. Anthropic 저작권 침해소송」, 한국저작권위원회, 2023년 제7호, 2023.11.23.
4 최승재, 「[미국] 뉴욕타임즈, AI 학습에 자사의 저작물을 이용한 것에 대해 OpenAI와 마이크로소프트를 상대로 저작권 침해 소송 제기」, 한국저작권위원회, 2024년 제1호, 2024.02.13.
5 백지연, 「[중국] 中 법원, 생성형 AI 이미지에 의한 저작권 침해를 인정함」, 한국저작권위원회, 2024년 제5호, 2024.04.11.
6 법제처 미래법제혁신기획단, 「인공지능(AI) 관련 국내외 법제 동향」, 법제소식 7월호, 2024.07.29.
7 박지영, 「EU, 세계 첫 '인공지능 법안' 통과 … 저작권 준수해야」, 한겨레, 2024.03.14.
8 임지선, 「AI 데이터 우물에 '독' 푸는 교수…"저작물 도둑질, 창작자 삶 뺏어"」, 한겨레, 2024.02.16.

2장

1 노형석·고한솔, 「이우환 위작논란 작품 13점 "모두 내 그림"」, 한겨레, 2019.10.19.
2 Brown, M., 「'New Rembrandt' to be unveiled in Amsterdam」, The Guardian, April 5, 2016.
3 ING, 「Rembrandt goes digital」, April 6, 2016.
4 Dutch Digital Design, 「The Next Rembrandt: bringing the Old Master back to life」, Medium, January 24, 2018.
5 Escalante-De Mattei, S., 「Google Initiative Digitally Recreates Three Lost Klimt Paintings Using AI」, Artnews, October, 7, 2021.
6 김동욱, 「AI가 되살려낸 사라진 클림트의 색상[김동욱의 하이컬처]」, 한국경제, 2021.10.09.

7 Shan, S., Cryan, J., et al., 「Glaze: Protecting artists from style mimicry by {Text-to-Image} models」, In 32nd USENIX Security Symposium (USENIX Security 23), 2023.

8 Shan, S., Ding, W., et al., 「Nightshade: Prompt-Specific Poisoning Attacks on Text-to-Image Generative Models」, In 2024 IEEE Symposium on Security and Privacy (SP), 2024.

3장

1 박병수, 「트럼프 체포됐다고?…AI로 만든 가짜사진 퍼지며 논란」, 한겨레, 2023.03.22.

2 Sadeghi, M., and Arvanitis, L., 「Rise of the Newsbots: AI-Generated News Websites Proliferating Online」, NewsGuard, May 1, 2023.

3 하수민, 「"중국서 열차 충돌" 챗GPT로 가짜뉴스 만들었다가 … '징역 10년' 위기」, 머니투데이, 2023.05.09.

4 Bowman, E., 「A college student created an app that can tell whether AI wrote an essay」, NPR, January 9, 2023.

4장

1 정혜정, 「"민국이 美유학중인데 …" 김성주 소름 돋게 한 '스피어 피싱'」, 중앙일보, 2024.08.27.

2 Flores, W.R., Holm, H., Nohlberg, M. and Ekstedt, M., 「An empirical investigation of the effect of target-related information in phishing attacks」, In 2014 IEEE 18th International Enterprise Distributed Object Computing Conference Workshops and Demonstrations, IEEE, 2014.

3 Carruthers, S., 「AI vs. human deceit: Unravelling the new age of phishing」, Security Intelligence, October 24, 2023.

4 Hazell, J., 「Spear phishing with large language models」, arXiv preprint arXiv:2305.06972, December 14, 2023.

5장

1　양영석,「해외 해킹조직 시스템 공격에 대전 최대 콜택시 배차 중단」, 연합뉴스, 2022.07.18.
2　SK 쉴더스,「생성형 AI를 활용한 해커 등장, 챗 GPT를 악용한 랜섬웨어」, 2024.03.19.
3　성호철,「日 "AI로 랜섬웨어 만든 남성 체포"」, 조선일보, 2024.05.28.
4　조재학,「"양날의 검 AI"…랜섬웨어 그룹, 악성코드 개발에 LLM 악용」, 전자신문, 2025.03.18.

3부

1　Kietzmann et al.,「Deepfakes: Trick or treat?」, Business Horizons, 63(2), 2020.2.
2　Ellery, S.,「Fake photos of Pope Francis in a puffer jacket go viral, highlighting the power and peril of AI」, CBS News, March 28, 2023.

6장

1　진향희,「'외로움' 노린 로맨스 스캠 … 김상혁도 2천만원 날렸다」, 매일경제, 2024.01.09.
2　손우현,「"외로워서 당한 게 아냐!" '로맨스스캠' 피해자들의 진짜 목소리」, 일요신문, 2024.01.31.
3　KBS,「경찰 '로맨스 스캠' 피해 첫 집계 … 상반기 피해액만 4백억대」, 2024.07.15.
4　주 이탈리아 대사관,「안전공지-25 (로맨스 스캠 등 온라인 사기 피해 주의)」, 2024.05.03.
5　Cross, C.,「Using artificial intelligence (AI) and deepfakes to deceive victims: the need to rethink current romance fraud prevention messaging」, Crime Prevention and Community Safety, 24(1), 2022.
6　박혜성,「온라인 데이팅 서비스 이용자 보호 강화 방안」, 국회입법조사처, 2023.11.24.
7　The White House,「Executive Order on the Safe, Secure, and Trustworthy Development and Use of Artificial Intelligence」, October 30, 2023.
8　O'Brien, M., Swenson, A.,「Tech companies sign accord to combat AI-generated election trickery」, AP News, February 17, 2024.
9　오효정,「"투자 감사" 조인성 믿었다…수백억 가로챈 가짜 영상의 정체」, 중앙일보, 2024.02.22.
10　박용하,「금융사 340억원 사기 … 홍콩 '딥페이크' 충격」, 경향신문, 2024.02.05.

7장

1 Newman, C., 「Exclusive: Hundreds of British celebrities victims of deepfake porn」, Channel 4 News, March 21, 2024.
2 Boyle, D, 「Cyber perv created fake porn of me and threatened to send it to my family - here's how it could happen to YOU: Woman reveals how mystery blackmailer demanded thousands and even boasted 'report me to police… it's pointless'」, Daily Mail, May 19, 2024.
3 장서윤, 「'서울대판 N번방' 충격 … 변태적 성적 욕망에 61명이 당했다」, 중앙일보, 2024.05.21.
4 Salman, H., Khaddaj, A., et al., 「Raising the cost of malicious ai-powered image editing」, arXiv preprint arXiv:2302.06588, 2023.

8장

1 BBC News 코리아, 「드루킹: 쉽게 풀어보는 '드루킹 사건' 이모저모」, 2018.07.23.
2 Bastos, M.T. and Mercea, D., 「The Brexit botnet and user-generated hyperpartisan news」, Social science computer review, 37(1), 2019.
3 Kollanyi, B., Howard, P.N. et al., 「Bots and automation over Twitter during the first US presidential debate」, Comprop data memo, 1, 2016.

9장

1 권순우, 「'SG 사태' 라덕연은 어떻게 남의 돈 수천억을 모았나」, 한겨레, 2023.06.02.
2 강은, 「정신 못차린 '청담동 주식부자' 이희진 형제 … 이번엔 900억 육박 '코인 사기'」, 경향신문, 2023.10.04.
3 서울남부지방검찰청, 「다수의 스캠코인을 발행한 후 허위·과장홍보, 시세조종 등 수법으로 900억원을 편취한 형제 등 3명 구속기소」, 2023.10.04.

10장

1. 오지은, 「G마켓서 상품권 도용 피해 잇달아 … "조사 후 적극적 피해보상"」, 연합뉴스, 2023.01.20.
2. 이유리, 「"충전금 800만원 털렸다"…스타벅스 앱 90여명 해킹 당해」, 매일경제, 2023.07.14.
3. 개인정보보호위원회, 「인터넷 강의 사업자 대상 안전조치 의무 위반 제재」, 2024.03.28.
4. 배문규, 「대성학원 … 시대인재 해킹으로 수험생 11만명 개인정보 유출 … 과징금 8억9300만원 부과」, 경향신문, 2024.03.28.
5. Cloudflare, 「What is credential stuffing? | Credential stuffing vs. brute force attacks」, www.cloudflare.com.

11장

1. AhnLab의 ASEC 블로그, 「온라인 스캠: 이게 가짜였다고? 진짜와 가짜를 구분하기」, 2024.04.23.
2. 손엄지, 「"갑자기 천만원 결제?" 가짜 쇼핑몰로 결제 유도하는 '이커머스 피싱' 기승」, 뉴스1, 2024.04.18.
3. Group-IB, 「Group-IB detects Classiscam expansion: $64.5 million scam-as-a-service operation targets 251 brands in 79 countries」, August 31, 2023.
4. 염다연, 「"직접 길러요" 소름끼치는 농부의 정체…리뷰 900개 잘 나가던 쇼핑몰 영업정지」, 아시아경제, 2024.11.12.

12장

1. 김홍범, 「인도 하늘에서 떨어지는 아편·소총 … 드론, 마약 운송책 됐다」, 중앙일보, 2023.12.27.
2. CBS News, 「11 arrested after investigation into illegal drugs delivered by drones into West Virginia prison」, February 19, 2024.
3. Zipline, 「Zipline Fact Sheet」, www.flyzipline.com.
4. Kolodny, L., and Brigham, K., 「Zipline unveils P2 delivery drones that dock and recharge autonomously」, CNBC, March 15, 2023.
5. Landi, H., 「Mayo Clinic taps Zipline for drone delivery of meds, supplies to hospital-at-home patients」, Fierce Healthcare, May 22, 2024.

6 Dryden, D., 「Drone delivery for drugs, medical tests at Mayo Clinic to take flight in Rochester」, Post Bulletin, June 25, 2024.

7 GOV.UK, 「New prison 'no-fly zones' for drug-delivering drones」, October 23, 2023.

8 GOV.UK, 「Anti-drone no fly zones to combat prison smuggling」, January 25, 2024.

9 경찰청, 「"실종자 수색 등 인명구조 최적 시간 확보" 경찰 드론 거점 관서 확대 운영」, 2023.06.27.

13장

1 Hambling, D., 「Ukraine's AI Drones Seek And Attack Russian Forces Without Human Oversight」, Forbes, October 17, 2023.

2 Vavasseur, X., 「First Look at the US Navy's Orca XLUUV with Massive Payload Module」, Naval News, June 12, 2024.

3 KRM, 「VISION 60」, www.tamulm.com.

4 Moyes, S., 「Terrorists will hack driverless cars and use them for horrific attacks, report warns」, The Sun, October 3, 2023.

찾아보기

한글

ㄱ

가상자산이용자보호법	105
가짜 뉴스	41
가짜 쇼핑몰	114
개인정보 보호법	61
경찰 드론	127
고영향 인공지능	140
공직선거법	50, 98
과태료	141
국가인공지능위원회	140
글레이즈	33
기망	38, 79

ㄴ

나이트셰이드	34
넥스트 렘브란트 프로젝트	28

ㄷ

드론	125
드루킹	91
딥페이크	68, 139

ㄹ

라덕연	101
라벨링	76
랜섬웨어	63
런웨이	18
로그인 시도	108
로맨스 스캠	72

ㅁ

마약	124
마약류관리법	129
매크로	91
머신러닝	18
메이요 클리닉	126
명예훼손	49, 98
물리적 AI	136
미드저니	18
미술진흥법	37

ㅂ

밴드웨건 효과	91
변동성	47
복원	28
복잡성	47
봇	88, 139
봇오미터 엑스	93
브렉시트	92
비전 60	132

ㅅ

사기	38, 79
사물 식별 기술	135
사이버보안	135
사칭 쇼핑몰	114
살인	137
상해	137
생성형 AI	18, 138
서울대 n번방	82
성범죄물	81
성폭력처벌법	85
세이커 스카우트	131
소셜 봇	89, 101
스피어 피싱	52
시세 조종	99

ㅇ

악성코드	64
업무방해	49
여론 조작	90
오르카	131
우범지대	127
울트라맨 사건	21
위작	27
이봄	20

이우환	27	
이희진 형제	102	
인간 피드백 기반 강화학습	60	
인공지능기본법	77, 140	
인공지능법	22	

ㅈ

자본시장법	105
자율주행	122, 139
자전거래 봇	102
저작권	19
저작권법	25
전자상거래법	119
정보통신망법	61, 66, 85
주크박스	18
집라인	125

ㅊ

챗봇	88
챗GPT	18

ㅋ

캡차	103
코인 사기	102
콘텐츠 팜	44
크로스 사이트 스크립팅	

	107
크롤러	88
크리덴셜 스터핑	107
클림트 컬러 에니그마 프로젝트	30

ㅌ

테러	134

ㅍ

포토가드	83
표시광고법	119

ㅎ

허위 광고	117
허위사실공표죄	50, 98
홀리 멩거트	32

영문

A~C

AI 범죄	15, 138
AI 윤리	14, 138
AI Act	22
API	95
bot	88, 139
CAPTCHA	103
chatbot	88

D~G

DAA	126
DALL-E	18
deepfake	68, 139
generative AI	18
Glaze	33
GPT제로	45

I~N

IP 추적	103
LLM	40, 139
Nightshade	34

P~S

PPC	88
Rembrandt Harmensz van Rijn	28
RLHF	60
social bot	89

T~X

The Klimt Color Enigma	30
XSS	107

유튜브·SNS·콘텐츠 시대의 친절한 저작권법 실무 교과서

꼭 알아야 할 저작권법과 분쟁 유형 총망라!

된다!
유튜브·SNS·콘텐츠
저작권 문제 해결

오승종 지음

25년간 저작권을 다뤄온
판사 출신 변호사의 실무 답변 108가지

1위! 법 분야 베스트셀러

이지스 퍼블리싱

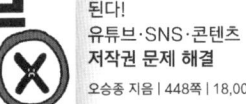

된다!
유튜브·SNS·콘텐츠
저작권 문제 해결
오승종 지음 | 448쪽 | 18,000원

영상·이미지
음원·글꼴
저작권 무료 사이트

유튜브, 학교 원격 수업 등
최신 저작권 이슈 반영!

내 저작권과 콘텐츠를 지킬
**경고장 발송부터
민·형사 소송 방법까지!**